島薗進
橋爪大三郎

人類の衝突

思想、宗教、精神文化からみる人類社会の展望

CYZO

人類の衝突

島薗進
橋爪大三郎

CYZO

はじめに

橋爪大三郎

「人類の衝突」――本書のタイトルだ。

人類はいま、いくつものグループに分かれて、いがみ合っている。

利害が対立して、いがみ合うのか。

そうではないだろう。経済学は言う。国際貿易は、人びとを豊かにする。世界の国々が分業して、資源を融通しあい、製品を世界中に生き渡らせるならば、そうしなかった場合に比べて、誰もがずっと大きな便益を享受することができる。特定の場面で、利害が対立するように見えても、それは克服可能なのだ。

世界をひとつの市場にまとめる自由貿易は、よいことなのである。グローバル化は、自由貿易をいっそう推し進めて、資本や技術や情報が、すみやかに世界のすみずみにまで行き届くようにした。人びとはそのぶん、幸せになったはずだ。

だがその反対に、人びとは、グローバル化が進めば進むほど、かえってイライラするようになった。不満がつのるようになった。ますますいがみ合うようになった。

その端的な表れが、テロである。

テロは、命を懸けた、抗議の声である。テロを実行する少数者が犠牲となり、多数の人びとに呼びかける声である。潜在的に拡がっている人びとの、不満や怒りや憤りに、火を点けようとする行為である。

テロがよいとか、テロにも意味があるとか言いたいのではない。テロからも、何かを読み取ることができる、と言いたいのである。

テロはしばしば、宗教を背景とする。信仰に殉じる行為、というかたちをとる。では宗教が、テロをひき起こすのか。そうではあるまい。テロに関わる人びとが、いがみ合いの原因を、経済的な利害に還元できない、生き方や考え方の根幹に求めているから。それを手っとり早く、宗教とよんでしまうからであろう。

＊

グローバル化は、人びとの生き方や考え方を、均一にするわけではない。

人びとの生き方や考え方は、伝統に支えられ、その社会の中に行き渡っている。当人にも思いのままにならない、習慣のようなものだ。さまざまな歴史的経緯によって、地表には、似通った生き方や考え方をする人びとが、何億人もまとまって住んでいる。それを、文明という。文明は、いくつもあって、互いに異なっている。グローバル化は、その違いを、際立たせてしまうのだ。

文明は、どのように出来あがったか。

宗教を核にして、出来あがった。グローバル世界を読み解くカギは、宗教にある。そう言えるのは、このためだ。

どれかの文明にどっぷり浸かっていると、このことは視えにくい。文明はそもそも、民族や文化の垣根を超え、人びとの生き方や考え方を統一するためのもの、すなわち、普遍的なものだからだ。普遍的とは、人類全体がそうなっても当たり前、という意味である。ある文明からみると、ほかの文明が存在する意味が理解できにくくなる。

グローバル世界は、ヨーロッパ・キリスト教文明が世界に拡がることで、成立した。資本主義と科学技術と民主主義と軍事力が、そのエンジンである。ヨーロッパ・キリスト教文明の仕様にあわせて変化することが、近代化だった。わが国はためらわず、その道を進んだ。

ヨーロッパ・キリスト教文明は、それ以外の文明を、排斥してしまう。その価値と存在理由を、理解することができないからだ。自分と異なる生き方や考え方を、理解できずに排斥するなら、それは普遍的だろうか。ただの偏狭な思い込みではないのか。そういう疑問と反撥が、それ以外の文明から、とりわけイスラム文明から、もちあがる。

＊

対談の一方である島薗進は、わが国の宗教学の、第一人者である。幅広い知見と学識を踏まえ、宗教の原理的な問題から時事的なトピックまで、縦横にさばく論客だ。もう一方の私（橋爪大三郎）は、社会学者。グローバル世界に関心を寄せ、宗教に注目してきた。雑誌『サイゾー』編集部の企画によって、今回の対談が実現したことを喜んでいる。

今回の対談は、グローバル化の波にもまれる日本が、宗教についてどのような歴史的背景を負っているかに、特に焦点をあてている。日本人は意識しなくても、神道や仏教や儒教の、チリやほこりを吸い込んでいる。そして近代化も、政府が下書きをこしらえた特異なストーリーに従って進められた。「国家神道」である。こうしたチリやほこりをはたき出し、自分の生きる社会の骨格を取り出してみることが、本書のねらいのひとつだ。

グローバル世界を漂う日本の、位置と針路を測るヒントが、本書に隠れているとすれば幸いである。

人類の衝突——目次

はじめに　橋爪大三郎 …… 002

1 宗教的、社会学的「人類の衝突」

マックス・ウェーバーとまだらな世界 …… 016
文明のブロック化 …… 021
日本の「独自性」について …… 026
日本が負けている理由 …… 031
儒教へのコミットメント …… 038
日本はどこまで独自なのか？ …… 047

2 キリスト教徒の世界支配

「日本」というシステムの根拠 …… 052
共通の過去を持たない日本人 …… 059
日本と連合国の異なる〝経験〟 …… 064
ヨーロッパはなぜ普遍たりえたのか …… 071
政教分離により近代化した社会 …… 077
多元的な世界観を求めて …… 081

3 イスラム教と仏教とキリスト教は何が違うのか？

日本人にとってイスラムとは何か …… 088
イスラムはトッピングに出来ない …… 096
ヨーロッパと日本の共通点 …… 103
権力と結びつく宗教 …… 110
宗教と政治的国家の関係 …… 114
世界宗教は個人主義的である …… 120

4
宗教としての国家神道と天皇の神聖性
日本は中国と何が違っていたのか …… 126
国家神道は実はまだ続いている …… 130
変容していく〝天皇制〟の役割 …… 135
天皇制の副作用とは何か …… 140
自由と民主主義はいつから機能したか …… 142
官僚制vs自由民権運動 …… 149
宗教が揺り動かしたもの …… 157

5
20世紀の世俗化と21世紀の宗教回帰
今、人々はそこに何を求めるのか？
20世紀の世俗化と21世紀の宗教回帰 …… 166
「大きな物語」の喪失 …… 172
新しい時代の宗教共同体 …… 177
アメリカの宗教的保守派 …… 184
〝新しい教会〟の影響力 …… 198

6 現代社会に通底する宗教が持つ普遍性の意義

宗教とは情報処理である …… 204
世俗主義者を敵視する人たち …… 208
宗教と普遍性について …… 215
なぜ、カルト宗教は暴力性を持つのか？ …… 220
戦後日本の精神状況 …… 227
戦後知識人の功と罪 …… 234
日本人は何を生み出したか …… 243
未来へと至る哲学 …… 251

おわりに　島薗進 …… 258

脚注索引 …… 264

装丁　川名潤（prigraphics）
DTP　inkarocks
編集協力　里中高志
橋富政彦
校閲　鴎来堂
カバー写真提供　Bridgeman Images／アフロ

The Clash of Mankind

by

Susumu Shimazono & Daisaburo Hashizume

Cyzo Inc., Tokyo 2016:08

1

宗教的、社会学的「人類の衝突」

マックス・ウェーバーとまだらな世界

島薗　橋爪さんは非常に大きい世界史的規模で宗教について考えていらっしゃるので、この対談ではそういったまなざしで日本の世相、また、その背後にある日本の宗教文化を見るとどう見えるのかな、ということを伺いたいと思っています。

社会学がデータの取れる領域を限定してこぢんまりと実証する方向に向かいがちな中で、橋爪さんのなさっている仕事は、社会学が本来持っているべき視野を回復するという意味で、私はとても共鳴しているんです。

橋爪　ありがとうございます。

例えばマックス・ウェーバー※1は、日本では評判がよかった。今はあんまり評判がよくない。時代遅れだということになっています。

その昔は、ウェーバリアンという人びとが大勢いて、ウェーバーを研究していた。だいたいどんなことを言っていたかというと、日本はもっと近代化しなくちゃいけない。みたいなことを言うために、ウェーバーを使っていたのです。近代化の条件はこれこれです。日本ではそれが欠けています、みたいな。

ところが、そういうのが一巡して、ある意味日本は進んでいるのかも、って80年ごろからみんな思うようになってね。日本は遅れていはす、の近代化論よりも、ポストモダン※2だったり高度資本主義だったり、日本はけっこう最先端だっていう自意識で議論をするのが流行ってきたから、ウェーバーの出番があんまりなくなってしまった。

だけど私は、ウェーバーは別に近代化論をやっていたわけではないと思うんです。

ウェーバーがいちばん優れていた点は、世界は「まだら」だって言

※1　マックス・ウェーバー
（1864〜1920）ドイツの社会学者。著書『経済と社会』『プロテスタンティズムの倫理と資本主義の精神』など。

※2　ポストモダン
もとは建築分野で、モダニズムの後に位置する、多様な様式を並列的に混在させる意匠のこと。哲学思想分野では、資本主義に対してアイロニカルな両義的態度をとる傾向のこと。八〇年代の消費社会に隆盛をむかえた。

ったことだと思うんです。キリスト教は絶対的でも普遍的でもなく、ワンオブゼムにすぎない。ユダヤ教もあるしイスラム教もある。ヒンドゥー教があって仏教があって儒教があって道教[※3]があって。そういうタイトルの書物をそれぞれ書いてるわけですね。

ウェーバーは社会学者なんです。経済も、宗教も、彼にとってはアウェーの議論なのです。そんなことやらなくたって、本来、社会学者としての仕事はいっぱいあった。だけど彼は、アウェーに出て行って、地球全体を包みこむような議論をした。

世界が「まだら」だということは、ひとつの方向に収斂していくとは限らない、ということです。ここがウェーバーは、実に微妙でね、「合理化」とも言うでしょう。近代とは、合理化に向かって進んで行くんだから、もうガチガチになって逃れられず、「鉄の檻[※4]」だという議論もありました。でもそのことだけを言いたいのだったら、イスラムやインドや中国に注目する必要は、たぶんなかった。だからそれは、ちょっと言ってみただけなのであって、本来の主張としては、人類社会

※3 道教
中国の民間宗教。老荘思想の流れをくむ。

※4 鉄の檻
官僚制が業務の正確性と継続性を求め、組織を閉鎖化し、人びとの支配を強める傾向を、ウェーバーは「鉄の檻」とたとえた。

は多様だということを言いたかった。進化論やマルクス主義[※5]や、その当時の社会科学の主流に抗って、西欧社会を相対化する、グローバルな人類社会の多様性を、描いてみたかったと。これが彼の研究の、いちばんの意図ではないかなと思うんですね。

ウェーバーは、宗教社会学とか経済倫理とかというくくりで議論してますけれども、このくくりはとても現代的で、2〜300年の射程のある議論だし、2〜300年の射程がある研究プランだと思えるのです。

私も遅ればせながら、それにくっついて行っているというわけです。

島薗　確かに日本の社会学ではウェーバーの近代化論の影響はとても大きかったと思いますが、宗教倫理の類型を整理し直すという課題はウェーバー専門家の中で終わってしまって、宗教に根ざした世界の文化の違いが深刻な問題として残り続け、あらゆるところで問い直されているという現状に届くような研究が乏しいです。人類が多様な世界

※5　マルクス主義
マルクスとエンゲルスが提唱した社会変革の思想。階級闘争による共産主義社会の実現をめざす。

観を抱え込んでおり、共通の土俵をもてないでいるという現在の世界で高いアクチュアリティ[※6]をもつ比較や相互理解の問題については、学問研究が十分に進んだとは言い難いような気がします。

それは日本だけでなく世界においてもそうで、やはり異文明の研究というのは文献学[※7]的な土台が必要になることから、なかなか取り組めない。西洋の学者は、インドや中国・東アジアの文明については、少なくとも古典文献から読むという姿勢は少数の東洋学者に限られていて、広い分野の学者にはなかなか手が出せないようです。

そういった中で、日本人は西洋人とは違うという自意識を明治維新以来、強く持ってきていますから、それを踏まえれば、日本的な観点から世界文明を比較し、それが私たちの生活にどう影響しているかを考察するという視座で創造的な仕事がもっと出てきてしかるべきだと思います。そのあたりを今日はじっくりお話ししたいですね。

橋爪　そうですね。

※6　アクチュアリティ
現実性。

※7　文献学
文献の成立、比較、解釈などを研究する学問。

文明のブロック化

島薗 そう考えたときに、ひとつの大きな基盤となる考え方は、**冷戦**[※8]後の社会は世界が文化的な意味でいくつかにブロック化する傾向がある、文化圏・文明圏の共通性が目立つようになるということです。

これは、**サミュエル・ハンチントン**[※9]の『文明の衝突』（原著1996年／邦訳98年／集英社）などでも似たような議論がなされましたが、かつて冷戦時代は東対西という分裂があった。つまり「西＝**自由主義**[※10]陣営で個人の自由を重んじる世界」と「東＝**共産主義**[※11]陣営で集団的な秩序と平等を重んじる世界」という枠組みがあったわけですが、冷戦終結後はそれに代わって、各文明圏が各々の宗教的伝統にのっとって社会を構成するようになっていくというものです。これに続いてイランの**ハタミ大統領**[※12]が、『文明の対話』（原著2000年／邦訳2001年／共同通信社）という本を書いて、日本でも共鳴を集めました。

「文明」が浮上しているという論点ですが、一般的にはそのように

※8　**冷戦**
第二次世界大戦後から1980年代にかけて、米ソ両陣営が核武装して対峙したこと。

※9　**サミュエル・ハンチントン**
（1927～2008）アメリカの国際政治学者。冷戦以後の世界が、文明同士の相剋を軸に動くと予想した。

※10　**自由主義**
個々人の自由を価値観の基礎におく思想。

※11　**共産主義**
私有財産制を否定し、人類の共同社会を理想とする思想。

※12　**ハタミ大統領**
モハンマド・ハタミ（1943～）1997年から2005年までイランの大統領を務

理解されているし、私自身もそれに近い考えを持っていますが、それでは、日本は儒教と大乗仏教[※13]の組み合わせにより構成される東アジア文明圏に属するのかというと、ハンチントンは中国と韓国は儒教文明だが、日本は独立した別の文明であると提唱していた。ここが典型的なのですが、ハンチントンの議論には政治主義的な要素もうかがえるので怪しい箇所も多々ありますが、確かにうなずける部分はあると私も見ているのですが、いかがでしょうか。

橋爪　いろいろなポイントがいま、出てきました。

西と東の対立からブロック化へ、という指摘がありました。私もそれに近い感覚を持ってます。

ハンチントンがいち早く、「文明の衝突」を唱えたのは、根拠も薄弱で、アメリカの戦略的政治的文脈が強すぎるようにも思うのですが、直感としてはなかなかいい線を行っているとも言える。

国際社会は冷戦時代、東西に分断されていたのですね。東側は社会

※13　**大乗仏教**
従来の仏教を「小乗」と批判し、広い社会的関心の中で仏の道を追求する運動。紀元前後にインドに現れ、多くの大乗経典を生み出した。

めた。

主義政策。西側は自由主義政策を進めていた。自由主義政策を進めるのだけれども、社会主義の利点を打ち消さなければならないから、福祉に力を入れ、**中産階級**[※14]を守り育てることを対抗軸に加えなければならなかった。中産階級が没落すると、社会主義・共産主義が力をもつ可能性があったから、ここをケアしなければならない。七〇年代は特に、そういう時代だった。

冷戦が終わって共産主義の脅威が薄らぐと、その制約がなくなった。資本の利潤のために、中産階級を犠牲にしてもいい、という行動が目立ち始め、アメリカで中産階級の没落が始まった。日本でも、**小泉改革**[※15]が典型的だったと思うけれども、正規雇用から非正規雇用への流れが生まれ、終身雇用の原則も崩れて、**実質賃金**[※16]の伸びが止まった。製造業が海外へ出ていく空洞化も並行して進み、中産階級の地盤沈下がとどめようのない流れになります。元をただすと、所得の再配分をするそこまでの理由がなくなったことが大きい。これは世界的に起こった変化で、日本も例外でない。これがまずあると思います。

※14 **中産階級**
資本家でも賃労働者でもなく、小さな資産をもつ人びと。

※15 **小泉改革**
小泉純一郎首相が進めた改革。郵政や道路公団を民営化したほか、労働者派遣法を改正し、多数の非正規労働者を生み出した。

※16 **実質賃金**
名目賃金を物価指数で除し、実際の購買力を示す賃金。

入れ替わりに起こったのは、中国やインドや東南アジアなど、新興工業国の経済成長。ポスト冷戦の時代は、グローバル経済の分業のやり直しが進んで、これまでの先進国から資本や技術が流出して行った。中国経済は高度成長を続け、日本経済を凌駕するに至っている。これはもう、押しとどめようもない流れなのです。

宗教との関係で言うと、中国やインドは、決していわゆる西欧化をして、近代化しているわけではないんです。中国とかインドとかの伝統的な生活パターンや思考法を温存したまま、物質的にはまだつつましく生活している人びとが多い。それが、グローバル世界で有利に競争するための条件になっているわけですね。近代化がまだ十分進んでいないという遅れた側面を利点にして近代化を進めているという、矛盾を抱えた存在です。いきなり近代化が進みすぎると、生活水準が上がって中産階級がたくさん出現し、産業の移転を受ける受け皿にならない。まず産業を移転させて、それからさまざまな変化を起こそうという順序だから、土着というか、伝統の要素を多く残しているわけですね。これが、ブロックがあるままグローバル化が進むという、現在進行形の出来事の意味するところではないかと思います。

ブロック化には、経済合理性もあるんです。けれどもこの結果、いろいろな問題が生じてくる。先進国では経済が停滞し、中産階級の没落や、政治的不安定化、ヘイトスピーチに代表されるような不満の高まりなど、人びとの不満と敵意が潜在的に少しずつ高まってくる。加えてブロック化は、相互理解を難しくし、国際的な緊張を高める結果になる。これが、文明の衝突とか文化摩擦とかとイメージされるのですね。イスラム教とキリスト教が典型的ですが、共通の基盤がないという感覚が先に立つ。人類社会はいま、そういう場所に出て行っている。これが、日本を包み込む世界でいま、進行していることだというのが、私の観察です。

日本の「独自性」について

島薗　なるほど。私も似たような見解ですが、一点、冷戦時代に西側の自由主義陣営も福祉に力を入れたということについて、社会主義に対抗しながら中産階級を擁護するためだったという橋爪さんのご説明はその通りだと思うのですが、私はそれに加えて、その頃は西側でもネーション＝国民国家というものが強く機能していて、連帯感に基づく国政が行なわれていた。だから国民の連帯を確保するために、過酷な政策は取りにくかったという時代ではなかったかと思います。しかしある時期以降、おそらく冷戦終結後だと思いますが、経済的にも国民社会の枠を超える領域が増え、企業はどんどん海外に出て国民共同体の枠を超えていくし、競争に勝つためには安い労働力を確保しなければならなくなった。適切な分配や社会保障によって得られる国民的な連帯を犠牲にしても経済的な利益を追求しなくてはならない、というふうになっていったと思います。中産階級の没落というか、階層の両極化ですね。一方でヤッピー＝知的な専門職や、テクノクラート＝技術官僚的な層が拡大して、勝ち組を養うと同時に、安い労働力も作っていく。

そうして国民的な連帯が弱まっていったと言いながらも、国家というものが基本単位であり続ける限り、国家に思想的なエネルギーが込められていくという時代は続いていく。冷戦の時代はイデオロギーの時代だったが、その後は民族と宗教の時代になったとよく言われるのはある意味で当たっていて、ただ付け加えるとすれば、国民とイデオロギーがうまく収束していた時代から、民族が浮き出てきた。あるいは宗教という形で国家秩序の維持をもう一回構想し直す時代になった。

冷戦時代にあったビジョンというのは、資本主義的な発展によるのか社会主義的な発展によるのかという立場の違いはありながら、どちらにしてもネーションが先進的産業社会に自ずから参入して、ヒューマニスティックな未来が現れるという展望があった。しかし、冷戦後の今はヒューマニスティックな未来に対する展望はどんどん見えなくなって、人は個別的なアイデンティティのほうに傾いていきます。その場合に民族という単位は狭すぎて、グローバル社会の中で大きな影響力を持ち得るものとしては自覚できないので、必然的にそこにブロック的なものを意識する。だから80年代から90年代にかけて日本では東アジア文明の共通基盤、特に儒教文明圏といったことがわりとよく議論されたわけです。経済的な力をつけつつある東アジアに共通の文明基盤と日本のネーションを重ねることで、西洋に対抗する未来を希望するという、そういう時代もあったわけです。ところが2000年代に入ってくると、どうやら東アジアの連帯というのは期待できなさそうだ、ということが明らかになってきます。これがどうしてかというのは説明が難しいのですが、一言で言えば、中国の存在が大きすぎるということだと思います。大きすぎるがゆえに、中国の民主化も進まない、また力の差がありすぎて中国と連帯するという希望がなかなか持てないと。それは領土問題としても表面に現れてくるわけですよね。

そんなわけで、今の日本では、ブロック的なアイデンティティよりも、ネーション的な民族性を志向するという傾向が強まってきている。宗教の話でいうと、儒教や仏教といった、昔から東洋のものとして自覚され、東アジアの連帯に寄与できると考えられるものにアイデンティティを持っていくという傾向に対して、中国や韓国と対立する軸である日本固有の**神道**[※17]あるいは**国体論**[※18]的な伝統というものに近づいていきたいという流れがある。特に安倍政権は中国や韓国への対抗意識の中で、日本の独自性を強調する方向に向かっているように見えます。

橋爪　はい。賛成ですね。同意見です。

安倍政権はたしかにそう動いていますが、安倍政権でなかったとしても、日本はそういうふうに進まざるを得ないという、必然を抱えている国だと思うんです。

順番に説明します。19世紀をピークに、ナショナリズム・国民国家の時代があった。国民国家は、民族や伝統などいろいろな幻想をふり

※17　**神道**
日本固有の神々への進行が一定の組織化をとげたもの。自然崇拝や地域共同体の祭祀を基本とし、多くの神社に神々を祀る。

※18　**国体論**
日本の国家体制は天皇を君主とし人民が従うのが不変の伝統だとする議論。

まいて凝集性を高めるんですけど、基本的には、いつでも戦争できる態勢をとっています。政府は戦争をする権限があって、徴兵制の軍隊があって、どこの国ともいつでも国家目的のために戦争する用意がある。その軍備を常に抱えているというシステムですね。

徴兵の基盤になるのは家族ですから、農民であれ、商人や職人であれ、勤労者であれ、その家族の成員が教育を受けて、いざとなれば兵隊として戦場に向かう。戦争がないときには、生産活動に従事している、というやり方なんですね。第一次世界大戦も第二次世界大戦も、基本はそのやり方だった。

けれども、冷戦の時代になって、戦争ができなくなった。核兵器が実戦配備されたからです。核兵器は、一〇個師団で攻めてこようと、一発で撃退できる。相手国の戦略目標（大都市など）を攻撃して、壊滅させてしまうこともできる。だから、強力な陸海軍をもっていることはあまり意味がなくなって、戦略核兵器のバランスが重要になった。もう、これまでと**パラダイム**[※19]がまったく違っているわけです。戦争を

※19　パラダイム
ある時代ある集団におけるものの考え方。

しないうえに、徴兵も予定されない、というのが、20世紀後半から21世紀にかけての状態である。

ポスト冷戦になると、核戦争の可能性もなくなった。こうした状態で、国民国家がだんだん溶けていく理由のひとつは、世界の矛盾を通常戦争によって解決するという古典的なオプションが、合理的でもないしコストもかかりすぎるので、除去されたことだと思うんです。戦争のオプションが除去されれば、国民国家を維持することの必要性も薄まるんですね。EU[※20]なるものができたのも、その追い風のひとつは、ソ連との戦争の可能性がなくなったことなんだけれども、その理屈をずっとたどっていけば、戦争の可能性がないならば国民国家はゆるめてもいいというロジックになるんじゃないか。

日本が負けている理由

橋爪　この流れを下敷きにすると、日本がちょっと特殊であることが

※20　EU
欧州連合。1992年のマーストリヒト条約により、かつてのEC（欧州共同体）が名称を変更。現在28ヵ国が加盟。

みえてきます。

ＥＵが典型的ですけれども、もともとヨーロッパでも、ロシアでもアメリカでもインドでも中国でも、中近東でもどこでも、人びとのアイデンティティの層は多重にできている。ローカルコミュニティ、エスニック・コミュニティ、宗教的コミュニティ、それから国境を超えた連帯（**汎ゲルマン主義**[※21]や**汎スラブ主義**[※22]など）などが、積み重なっているものなのです。それを無理やり、国民国家のサイズにあわせて、切り分けるというやり方をしていたんですね。国ごとに競技するオリンピックが典型的ですが、ちょうど国民国家のところにアイデンティティの重みがかかるように焦点をあてる。だけど、それが緩むと、人びとは多重に自己規定するようになる。アメリカ人だってそのエスニック・バックグラウンド、所属する教会、地域コミュニティ、州、ユナイテッド・ステイツ、それを超えたグローバル・アイデンティティ、みたいなものの多重性をより強く意識するようになる。あなたは誰ですか、と聞くと無数の答えがある。こういう多重性のほうが、世界標

※21 **汎ゲルマン主義**
ゲルマン民族が団結して国際社会で優位な地位を占めようという主義。

※22 **汎スラブ主義**
スラブ民族が団結して国際社会で優位な地位を占めようという主義。

準だと思うんです。中国だってそうです。中国は、いくつもの地域的まとまりに分かれているし、多民族国家で漢民族と中華民族は違うし、みたいで、みんなこれに慣れているんですね。これが普通です。

ところが日本の場合、いろんな経緯によって、アイデンティティの輪郭が「日本」だけというふうになっていて、この輪郭が強くて、疑われない。疑われないとどうなるかというと、日本を超える何かの理念というものを、とても立てにくい。そういう理念の可能性としてまず、マルクス主義があった。マルクス主義は、強いて言うなら日本ではマイナーな思想です。それからもうひとつ、儒教があった。儒教は、それなりにメジャーだった時期があるが、今ではごくマイナーになった。それから、仏教があった。仏教も外国起源の普遍思想ですが、残念ながらマイナーな存在になっている。それよりも、神道のほうが強いと思われる。明治維新の際に、グローバルな仏教とローカルな神道とを分離して、神道だけを日本のアイデンティティに組み込もう、という選択をしました。「日本」を超える普遍的な要素は、慎重に取り除かれたのです。

日本はそのあと領土を拡大して、神道を台湾や朝鮮や満州にも輸出し、神道自身が日本ローカルな枠をはみ出して行って定義しにくいものになったのですが、その矛盾は敗戦とともに解消し、神道は日本ローカルなもとの姿に戻った。国家神道[※23]はなしになった。まあ見ようによっては、ある意味、今も続いているとも言えるわけですね、憲法に天皇の規定があるから。この憲法は大事だから守ろう、とみんな言っている。日本はむしろ、国民国家にいっそう純化してしまった。

このような流れなので、少なくとも日本は、いまの脱ネーションに向かうグローバル化の状況から取り残されているようにみえます。日本を超える何か普遍的な原理や価値に、積極的に貢献しましょうというふうに、発想が向かいにくい。アイデンティティが「日本」の枠にしばられているので、防衛的に退却し、そこに閉じこもろうとする選択以外に、思い浮かばなくなっている。90年代から後の失われた20年間で、みんな何を言っているかというと、日本生き残り戦略で、「日

※23 国家神道
戦前、国が主管した神道の通称。学術的な意味については論争がある。

本が、日本が」という議論ですね。もうこの、「日本が」と言っている時点で、負けている。多重なアイデンティティのなかで共存を模索する世界から、どうしようもなく立ち遅れている。世界の人びとのリアリティに直面できてないわけです。このように、私は観察するのです。

島薗 今の橋爪さんのお話で、国家神道はなくなったという話がありましたが、『国家神道と日本人』（２０１０年／岩波新書）という本で示した私の基本的な論点は「国家神道はなくなっていない」というものに近いので、それはいつか議論したいと思います。

いずれにせよ、今の橋爪さんの議論は、「日本特殊論」といったものですが、80〜90年代においては、東アジア文明を共有する流れと見て、日中韓交流に希望を託すような動きもありました。これからその動きが蘇ってくる可能性も、ないわけではない。それからEUの場合は、キリスト教文明の基盤というものが共通項としてあるので、ネーションを超えることができているのは大きいと思うんですね。他方、EUには**セキュラーヒューマニズム**[※24]（人間第一主義）による未来、ある意味での「**歴史の終わり**[※25]」みたいな展望が共有されているところもあると思うのですが、その両者に共通するのはある種の**普遍主義**[※26]です。しかしそれは、近代のキリスト教がのっかった植民地主義や、グローバルな拡張主義を代償としているものなので、必ずしもそれが世界の標準であるとは私は見ていません。

そこを踏まえると、日本のナショナリズムの形成過程として、明治維新のときに仏教ではなくて神道を選んだという話になります。私はこれに関しては、国家神道の基礎というものは古代社会にあって、それは中国の儒教的な帝国の論理、皇帝の下の秩序というものの日本版を、神道の神様を奉じる天皇の下の秩序として作ったというそのバージョンがいわば潜伏しつつ続いてきたのだと見ています。明治国家というのは西洋的なネーションに合わせようとしていると同時に、中華帝国的なもののミニチュア版というか、周辺版をもう一度作ったと、

※24　**セキュラーヒューマニズム**
頁64「世俗主義的ヒューマニズム」を参照。

※25　**歴史の終わり**
アメリカの政治学者フランシス・フクヤマが、1992年の著作『歴史の終わり』（新装版・三笠書房・渡部昇一訳・2005年）で提唱した議論。

※26　**普遍主義**
民族や時代を超えて、人類に共通する価値や意味に立脚する立場。

そう見ることもできる。これは與那覇潤さんの『中国化する日本』（初出2011年／文藝春秋、増補版2014年／文春文庫）とか、そういう話と似ているのですが、要するに日本の中の中華思想的なもの。これがずっと日本の文化の中に潜んでいて、近世中国の影響を受けながらまた発展し、西洋の近代国家の影響と合わせて力を持つようになった。したがって、これは『定本　想像の共同体』（原著1983年／邦訳07年／書籍工房早山）を書いたアメリカの政治学者、ベネディクト・アンダーソン的な議論になりますが、確かに日本の近代化は一面では西洋的なナショナリズムが輸入されたものである。しかし同時に、中華文明的な国家形成のプロセスの中でおのずから形成されたものでもあると思っています。ですから、日本が現代の国家の中に精神的に閉じこもる体制を持っているということに関しては、中華文明圏の中国も韓国も似たような国家主義の異なるバージョンを持っている。したがって、中国が国家主義、あるいは中華帝国主義を克服するプロセスと、日本が国家主義を超えていくプロセスというものが、並行して起こっていくことを我々は希望せざるを得ない——と、そんな見方をしています。

儒教へのコミットメント

橋爪　興味深いコメントをいくつもいただきました。

島薗先生と私に、微妙な見解の違いがあるとすると、中国と韓国と日本をどう理解するかという点だと思います。

日本と中国はやっぱり、まったく違った文化的遺伝子を持っている。表層は真似をしたり類似したりしてはいても、実質は相当に違っていて、一度も類似したことがない、と考えられます。韓国は、中国圏の儒教国家なので、日本とはだいぶ違うのですね。儒教は、ネーションという考え方よりもずっと古いものなのです。日本が近代化しネーションが形成ができたのは、儒教の影響が限定的だったから可能だったんじゃないか。

仮にそうだとすると、このグローバル世界の中で日本が直面している問題や解決のオプションと、中国が直面している問題や解決のオプションは、ちょっと違ったものになる。これからの道筋も、違ってくるんじゃないでしょうか。

この点は、深入りしているときりがないので、先に進みましょう。

島薗　そうですね。ただ、やはり日本の現状を読み解く場合に、儒教の影響がどれくらいあるのかというのは、とても大事なポイントだと思います。一方、中国ももし信教の自由を広めていけば、相当キリスト教化すると予想されていますね。すでにもうキリスト教徒が1億人を超えているという話もあります。

橋爪　それぐらいですね。5～10パーセントぐらいです。

島薗　韓国も25パーセントくらいキリスト教徒がいるといいますし。

儒教的な知識層が近代化とともに、儒教教育の基盤が崩されて、学術的な教養と結びついた宗教性をキリスト教に求めるようになる。儒教的な知識人がキリスト教的な知識人になっていくという、わかりやすい構図がある。

その前提として、儒教的な知識層と民衆的な大乗仏教という東アジアに共通な棲み分けがあったのですが、これに関しては、儒教思想が一番強かったのは韓国で、大乗仏教的なものが一番強かったのは日本でした。しかし、江戸時代の侍は次第に儒教化した。もちろん韓国や中国ほどにはしっかりした儒教にはならなかったとしても、やはり民衆の大乗仏教とは違う精神的秩序で国家を造るんだというメンタリティは、江戸時代を通して強められていき、それが国家神道というものにつながっていきます。

国家神道は「神道」という名前こそついており、封建的な主従意識の影響も引き継いでいますが、国家の精神的秩序を国家儀礼や統治者の教えにそって構築しようとするのは儒教的で、皇帝の下の士大夫を精神文化の支え手とする社会秩序構想に由来するものです。幕末維新期の尊皇攘夷運動でも国学[※27]よりも水戸学[※28]の影響のほうが強かったことからいっても、日本も実際は儒教的なものの系譜を引き継いでいます。中国はその後キリスト教に向かわなかった代わりに共産主義に向かって、今の共産主義官僚というのは、かつての儒教文人官僚である士大夫を引き継いでいる側面が大きい。そういうふうに見ていくと、日本の知識層も、こうした儒教的なメンタリティを引き継いでいると考える必要があるのではないでしょうか。実は現代の日本の社会科学に対しても、そういう見方をしていい側面があると私は思っています。法学や経済学などの社会科学の発想が東アジアに来ると、市民社会の良き秩序を作るという論理を探求するだけでなく、治める側、統治する側の良き社会構想という発想が濃厚に入ってくる。

知識人の宗教嫌いというのは世界的な傾向ですが、日本の場合は儒教が民衆の宗教を低く見てきたという背景を捉える必要がある。つまり儒教的な伝統に身を寄せ、愚夫愚婦の宗教としての仏教や民俗宗教

※27 国学
江戸時代に興った、日本の古典を尊び研究する学問。儒教・仏教を日本にふさわしくない外来の教えとして排斥し、記紀神話にのっとった神道に精神文化の基軸を求める。賀茂真淵、本居宣長、平田篤胤らがいる。

※28 水戸学
江戸時代の水戸藩を中心とする儒教の学派。朱子学を基調とし、日本にしかない万世一系の国体を掲げ、天皇中心の国家を打ち建てるという幕末の志士の運動を牽引した。

を蔑視してきた知識層が、近代になって一部はキリスト教化し、一部が国家神道化し、一部が世俗主義化した。他方、民衆層では伝統仏教の宗派を離れて新宗教などに行く人も出てきた。そういう知識人と民衆の二重構造があるという見方を私はしています。

橋爪　なるほどと思いながら聞きました。

しかし私は、中国や韓国に比べて、日本での儒教の影響はとても限定的だったと考えるのですね、やはり。

儒教とはどういうものかと言うと、まず確定したテキストがある。この文字テキストをきちんと読んで、価値観を体得して、そして実践する。そういうやり方になっている。この点では、キリスト教やイスラム教やインドのやり方と同じなんです。世界の文明はだいたいそうなっている。ただそのテキストの種類が違う。

このテキストを体得するためには、字が読めなければならない。そこで、字が読める層が読めない層を率いる、という構造が生まれてくるわけです。儒教の場合は、字が読めるということと、戦争が強いということとを分離する点が、ほかの文明と違っていて、文人と軍人が分かれている。文人は、税金を集めて、軍隊に補給をし、人事を握り、軍人より上位に立つ。こういう論理をそなえているのが、儒教の本質なんですね。文人官僚はすべての権限を手に入れるので、軍隊の統制権も持っているし、経済に随意に介入する経済的権限も持っているし、文化芸術をコントロールする権限も持っている。すべての社会的資源を自由にし、すべての社会的資源を手に入れる。こういう特徴がある。これはいまの、中国共産党も同じです。だから中国共産党は、とても儒教的です。

日本は儒教を、何回か受け入れています。室町時代には、儒教の文献を読んでいたのは僧侶だった。なぜ僧侶が儒教の文献を読んだかというと、武士はそういうことが得意でなかったわけです。しかし、行政文書は作らなきゃいけないから、僧侶に作文させていた。だから僧侶はアルバイトとして儒教の文献を読んでいた。

そのあと戦国時代を経て江戸時代になり、武士は自分で儒教の文献を読んで、行政文書も作りなさい、ということになった。家康がそういうふうに行政指導したのです。その昔は貴族が、行政文書を作っていた。貴族も武士も、文人官僚とは違った人びとです。貴族は官僚だとしても、世襲である。武士も世襲。儒教の原則では、官僚は世襲であってはいけない。日本で儒教の文献を読む、貴族も武士も（どちらも世襲の官僚）、もちろん僧侶も、儒教が想定している担い手ではない社会階層の人びとなのです。そんな人びとが、儒教のテキストを読んで、その価値観や行動原理を体現できるはずがない。もし体現したら、反体制になってしまう。そこでテキストを、「限定的に」読むという態度にならざるをえない。これは中国の人びとの、儒教のテキストの読み方とは異なります。

江戸時代の儒学は、儒教のテキストを限定的に読む方法を発達させます。**朱子学**[※29]を批判する**古義学**[※30]とか**古文辞学**《こぶんじがく》[※31]とか、その傍流である国学とか**蘭学**[※32]とか、それらを朱子学に再び繰り込んだ**後期水戸学**[※33]とか。

※29　**朱子学**
南宋の朱子（１１３０～１２００）が唱えた儒学の体系。

※30　**古義学**
伊藤仁斎の唱えた学問。朱子など後世の注釈に依らず、原典の原意を明らかにする。

※31　**古文辞学**
荻生徂徠の唱えた学問。

※32　**蘭学**
オランダ語の文献を通じて西洋の学術を学ぶ学問。青木昆陽や前野良沢、杉田玄白らがいる。

※33　**後期水戸学**
藤田幽谷とその子藤田東湖らによる後期の水戸学。

限定的にテキストを読むという態度は、いわばプラグマティズム[※34]なのですね。このような目的のために、このようにテキストを読んで自己解釈をすればよい。日本には科挙[※35]もないし、教養の統制もないから、どのように読んでもよい。江戸儒学は政府と無関係に、ほぼ民間人がやっているんです。中国のように常時、思想統制があるわけでもなく、民間の読書人、知識人の創意工夫が許され、出版の自由もあった。

この態度があれば、読むテキストを取り替えさえすれば、すぐ近代化ができる。テキストとの距離が取れていて、しばられていないから、テキストを取り替えることができるんです。だから幕末の人びとは、漢学の訓練を受けていたけれど、突然オランダ語を勉強したり、英語を勉強したり、数学や実用書を勉強したりすることができた。西洋流の技術者や科学者や、医師や教師や、役人や法律家になってしまうことができたんです。子や孫の世代を待たなくても、自分自身がそのように変身できた。これが、日本の近代化がすみやかだった理由なのです。

※34　プラグマティズム　pragmatism　19世紀アメリカの哲学の流派。真理は実践の中で検証されるとする。パース、ジェームズ、デューイらが唱えた。

※35　科挙　清までの歴代王朝で千数百年にわたり行なわれた官吏登用試験。

中国韓国の知識人は、本人がそういうことができない。どうしてか。人格を儒学でもって形成しているから、子供や孫の代にならなければ無理。だから近代化に時間がかかるんです。

こう考えてみると、儒学は、日本の知識人の人格の、深層にまで下りていない。深層にまで下りていないということは、深層は、組織目的を追求するプラグマティズムみたいなものでできている。そのプラグマティズムみたいなものはどこから出てきているかというと、室町時代だったら、ムラの共同体の繁栄。自作農が集まって、みんなで仲良く生産力を上げましょう。それから戦国時代なら、戦国領国の繁栄。江戸時代になれば、藩の繁栄。そういう、自分の所属する集団のパフォーマンスを高めていって、自分もハッピーになるし自分の所属している顔見知りの範囲内のみんなもハッピーになる。これが、日本人がこの数百年やってきた社会の原体験だと思います。

日本はどこまで独自なのか？

島薗　今のお話は、わりと日本独自論になってきましたね。プラグマティックということはつまり、集団として追求する目的に対して、効率的に資源を投入するタイプの社会であったということで、それが日本が近代化にある意味で成功した理由だと。それは確かにその通りだと思いますが、程度の強調の仕方については、やや私の見解は異なります。私も中国・韓国と比べて儒教的なものが浅かったということについてはその通りだと思うのですが、その代わりに古代以来、変わらぬ深層が日本にあるということについては妥当とは思わない。これについて話すと**丸山眞男**[※36]を含め「日本人論」に広く見られる日本独自論になるのですが、それは私は取らないんです。つまり集団秩序のプラグマティックな追求ということは確かにあるけれども、他方で日本は儒教や仏教の論理をそれなりに受け入れている。先ほど日本の儒教が古義学や国学のほうに向かったというお話がありましたが、それは非

※36　**丸山眞男**
（１９１４～１９９６）政治学者。著書に『日本政治思想史研究』『現代政治の思想と行動』など。

常に重要だと思います。

ただ、学問統制はなかったと橋爪さんは言われますが、廃仏を進めた藩もあり、寛政2年（1790年）に老中・**松平定信**[※37]が行なった**「寛政異学の禁」**[※38]という学問統制もありました。同時期の1800年前後から**藩校**[※39]が広まってきたのですが、そこで教えられていたのは朱子学が中心だった。その朱子学に則って後期水戸学も出てきます。それはやはり中国の儒学を一生懸命勉強するということで、それがどこまで身に付いたかは別として、ある程度はそのパターンに馴染んだことは確かですね。ただその場合に強調されたのは、封建的な君主への忠誠という要素でした。ですから**忠孝**[※40]の関係でいうと、孝を重んじる元来の儒教に対して、日本の儒教は忠に向かった。これは実際的に集団秩序を尊ぶという特徴と、非常に合致するわけですね。ですから日本流に翻訳された儒教的なものが国家神道に流れていって、それを担ったのが江戸時代の下級武士であり、維新を唱えた人たちです。

この維新という理念は日本の近代化の中で多くの人がよきものを投

※37　**松平定信**
（1758〜1829）老中として寛政の改革を実施し、財政の緊縮や、出版・思想の統制などを行なった。

※38　**寛政異学の禁**
松平定信が命じて、朱子学を正統とし、古文辞学などを公的な場で教授することを禁じた。

※39　**藩校**
江戸時代、諸藩がその藩の子弟を教育するために設けた学校。

※40　**忠孝**
忠は政治的リーダーに対する服従。孝は親族の年長者、特に親に対する服従。

※41　**天武持統朝**
673年から686年の天武

影できるイメージとして、今でも大いに意味を持っています。その維新というのは、もともと儒教に典拠があるけれども、日本では天皇に対する忠誠に基づいて革新を行なうという理念になりました。ですからそれは御恩と奉公の封建的パターンであると同時に、他方では皇帝の下の国家秩序という儒教的な統治理念、さらには尊皇攘夷という中華帝国的な理念を寄せ集めたものと受け取るのがいいのじゃないかなと思います。その場合に古代、要するに**天武持統朝**[※41]にできた神道国家の形と、その頃にできた**記紀神話**[※42]や皇室儀礼に基づき、例えば**神祇官**[※43]などというものを作って、**律令制度**[※44]ができたときの体制に戻ろうとした。しかしその古代的な律令制度というものは、やはり中国の官僚支配体制を日本へ移したものであったので、それがまた19世紀に再利用された。そして、**『新論』**[※45]にあるようにやはり中国的な国家儀礼論に基づいている。これは**荻生徂徠**[※46]も主張したし、それを水戸学が引き継いで、それに基づいて近代国家ができた。

　明治維新の中心には、儀礼をする天皇と、その天皇に対する全国民

天皇の治世と、それに続く690年から697年の持統天皇の治世を合わせて示す名称。

※42　記紀神話
『古事記』と『日本書紀』に記された日本の神話。

※43　神祇官
律令体制で、朝廷の祭祀をつかさどる役所。太政官と対。一八六八年に復興するが、長くは続かなかった。

※44　律令制度
律は刑法、令は行政法で、中国式の統治システムのこと。

※45　『新論』
後期水戸学の会沢正志斎の著書。尊皇攘夷派に広く読まれた。

の忠誠という理念を据えていたわけです。ですからおっしゃるような儒教的なものが日本では本来的に引き受けられなかったということと、その翻訳、翻案された儒教が国家神道的な近代の秩序の基盤になっているということは矛盾しないと、私はそういうふうに理解しています。

※46　荻生徂徠（1666〜1728）江戸中期の儒学者。古文辞学を唱えた。

2

キリスト教徒の世界支配

「日本」というシステムの根拠

橋爪　日本人は自分を、儒教だと思ってる節もあるんですね。

だけど私に言わせると、それは、自分がどういう規範にもとづいて行動してるか、自分でよくわかっていないということだと思います。

ひとつ補助線を入れましょう。江戸時代のシステムを考えてみると、まず武士がいる。武士は、とにかく無条件で存在している。これが、儒教の秩序の中にどう位置づくかということは、難問なのですが、とりあえず儒教の内部では考えないことにする。もし考えれば、武士は存在してはならないという結論になるからです。武士が存在していることを前提に、その武士が儒教をどう考えるかという問題構成なのですね。

武士の大事な特徴は、ビジネスが禁止されているということです。農業をやってもいけないし、商業をやってもいけないし、工業をやってもいけない。生産活動に従事しちゃいけないんです。ということは、生産活動に従事する人びとが、武士以外にいるということです。

ということで、商人がいる。商人が、たとえばコメを商いすると考えてみると、大坂に米相場があって、藩の扶持米[※1]をみんなそこに送って現金化したりするわけです。武士は、税金（年貢米）を集めて、コメを商人に売り、行政を行ないますけど、マーケットは武士がコントロールできないところに存在している。マーケットでは、市場法則（需要供給の法則）が貫徹している。これ、政経分離なんです。江戸時代って、政経分離が原則なんです。

さて、中国韓国を考えてみると、マーケットは、文人官僚がコントロールしていますから、政経分離ではなくて、政治が経済をコントロールするという前提で、社会ができているんですね。そこが根本的に違う。どちらが近代に近いかと言えば、江戸時代の日本のほうが近代

※1　扶持米
主君が家臣に給付した米。

に近い。

その武士が、御一新[※2]かなにかで近代的なシステムに変わろうというときどうなるかというと、まず財界というものができる。財界とは、ビジネスを体現した人びと、ビジネスの倫理と価値観をそなえた人びとのグループで、彼らはマーケットメカニズムを理解して自律的に行動するわけです。それから、官界もできて、官僚たちが中央省庁の官僚機構とヒエラルキーを作って、行政を行なう。そのうち議会もできて、政界というものができて、学界もできて、これらが並立的に、異なった秩序として運動する。これ、儒教的ではないんです。

儒教だったら、それらの業界すべてを、官僚がコントロールするというのが正しい。清朝もそうなってるし、国民党[※3]もそうなってるし、共産党もそうなってる。この中国的システムの中でも、近代化はできなくはないんです。現に今、中国は近代化してます。でもその近代化のやり方は、明治日本の近代化のやり方とは少し違う。明治近代のほうが中国の近代化より早く、ヨーロッパのシステムとも似ている。中

※2 御一新
明治維新のこと。

※3 国民党
孫文を指導者として1919年に成立した政党。のち、中国共産党との内戦に破れ、台湾に逃れた。

国のほうが遅く、ヨーロッパのシステムと似ていない。

中国の場合、このシステムを維持するのに、宗教に相当するものが必要です。まず儒教が必要。儒教が使えなくなったら、イデオロギーが必要になる。イデオロギーが使えなくなったら、この官僚機構を維持するのに、何かが必要。その何かは、いま入れ替え中で、よくわからないんですけれど。キリスト教徒が多数派になったら、キリスト教になるかもしれない。でもキリスト教になりそうな気は、私はしない。30パーセントぐらいまで行くかもしれないけれど、キリスト教国家になるとは思えない。じゃあ何になるかはわかりませんが、何かは必要なんです。

日本の場合、宗教はいらないんです。**国家神道**[※4]ってのがありましたけど、国家神道は消えても大丈夫、日本ってものさえあれば、とみんな思っている。

島薗　話が現代に近づいてきました。今お話しされた中国についての

※4　**国家神道**
頁34を参照。

分析は、国家体制とは別に民衆生活のほうから中国を見ると、儒教体制やイデオロギーに組み込まれない生活領域が広範に存在していて、そこから常に反乱が起こってくるという歴史を踏まえていますね。現在の**法輪功**[※5]などもあっという間に広まってしまいましたし、**道教**[※6]の影響力も無視できない。私も北京大学で講演をしたことがありますが、北京大学の中にもかなり仏教のお金が入っている。儒教と他の思想を組み合わせるということは、中国はずっとやってきて、今の共産党もかなり儒教や諸宗教を利用しています。

しかし中国の官僚層も今、一生懸命に思想の入れ替えをしているという話がありましたが、官僚層自身も出世のためというプラグマティックな動機以外には共産党に所属している理由がよくわからないという状況なのではないかと思います。そういう意味では、思想的なアイデンティティが拡散している。

一方、韓国の場合はキリスト教がかなり広がったので、キリスト教に対抗し得るビジョンを求めている層が常にあります。また、南北の

※5　**法輪功**
中国で1990年代に活動を開始した、気功をベースにした新宗教。99年から中国国内での活動が禁止されている。

※6　**道教**
頁18を参照。

分裂国家の統合というビジョンでアイデンティティが維持されているところはあります。さらに、北朝鮮では最高指導者崇拝がある上に、**檀君神話**[※7]をまだ利用したり、韓国ではキリスト教も仏教もナショナリズムに向かう要素もあって、国家統合への意識は高い。

それでは日本は何によって成り立っているかというと、私はそれは国家神道の影に目を向ける必要があると思う。つまり、かつては国家神道あるいは**国体論**[※8]で保っていたものをそのまま主張することができなくなっているので、仮に「見えない中心」と言ってみたり、「イエ社会」と言ってみたりしているのではないかと。つまり日本人論というのは、国体論の代替物として存在している側面がある、というのが私の見解です。従って日本というアイデンティティ自体が宗教を超えた何ものかであると考えるよりも、多様な伝統を適切にアイデンティティの構成要素として把握できないような状況の下で、その代替物として「日本」が表象されているのではないかと。

しかし、このすり替えによって大変なフラストレーションが生じま

※7 **檀君神話**
天孫の檀君が古朝鮮を開き始祖となったという、朝鮮半島に伝わる建国神話。

※8 **国体論**
頁29を参照。

す。その反発として強く日本を主張する勢力が出てくる。たとえば今の安倍政権の周辺の人たちが唱えるところの、「日本の伝統」「美しい日本」というものの実態を聞いてみると、ほとんど中身がない。天皇に軍隊が忠誠を誓った時代の国体論、つまりは天皇を頂く和の国という表象以上のものではない。しかし、それを明快には言えないので、国家主導の権威主義として形にしていく。政策的には国家主導の思想・言論抑圧的な「和」の秩序を強め、国民主権を掘り崩すという姿勢を強く打ち出しています。それを天皇の強調と国威発揚の歴史観が支えるということになります。

宗教団体でいうと、安倍首相に近いのは**神社本庁**[※9]とか**日本会議**[※10]系の宗教的ナショナリズムの実態ですが、別系統に**オウム真理教**[※11]とか**幸福の科学**[※12]などの天皇崇敬に向かわない異端的なナショナリズムもあります。こちらはますます過去に遡ることのできない、宙に浮いた形のナショナリズムだと、そんなふうに思います。

※9　**神社本庁**
日本の神社を包括する宗教法人。

※10　**日本会議**
日本の保守系政治団体で1997年に設立された。神社本庁を中心とした宗教団体、および自民党を中心とした国会議員が多数参加している。

※11　**オウム真理教**
麻原彰晃が設立した宗教団体。松本サリン事件（1994年）、地下鉄サリン事件（1995年）などを引き起こした。

※12　**幸福の科学**
1986年に大川隆法が設立した宗教団体。幸福実現党はその傘下の政治団体。

共通の過去を持たない日本人

橋爪　私もおおむねそう思いますね。

私は、日本特殊性論の考え方ではない。日本だけが特殊なわけではないからです。日本は、でも特殊だと思います。個別の一回きりの歴史的経験を持っているという意味では、どんな社会も特殊でしょう。日本も同じです。

日本を特殊だと、精確に正しく認識するためには、普遍言語が必要です。普遍言語なしに、自分の特殊性を語ることはできない。自分は特殊ですと相手に語ってわかってもらうためには、相手に理解されないといけない。相手に通じる言語が必要なのです。

たとえば安倍政権は「美しい国、日本」と、日本語で言った。なぜ日本が美しいかということをたぶん、相手に説明できないと思うんです。それが説明できないところが、まさに問題なんですね。それを説明できないなら、日本が特殊であると言うことは意味がないと私は思う。

日本は、特別な歴史的経験を持っています。明治以降に限っても少なくとも150年の、ほかの場所では起こらなかった特別な近代化の経験を持っている。成功し失敗した、その両面を含めて現在があるわけです。もしここで、この日本という範囲で、自己アイデンティティを確立しようと思えば、過去に向かうしかない。明治維新はよかったと、日本人はみんなそれを支持する。さきほどお話のあった通りです。新撰組とかも人気がある。**司馬遼太郎の『坂の上の雲』**[※13]も読まれている。でも問題は、現在に至るまでのひとつながりの連続的なストーリーを書くのが難しいことです。司馬遼太郎も途中で切れてしまった。**一九四五年**[※14]、**一九四一年**[※15]、**一九三七年**[※16]、**一九三一年**[※17]をどう乗り越えるか。そこがズタズタになっていて自分の連続的なアイデンティティとして回顧することが難しいんです。飛び飛びの自己回顧では、いいとこ取りになって、しかもそれを両側から（相手側からも）記述することができないから、普遍言語にならない。心情的な自己表現みたいな

※13　**司馬遼太郎の『坂の上の雲』**
司馬遼太郎（1923〜1996）は小説家。『坂の上の雲』は、明治初期から日清、日露戦争までの群像を描く小説。

※14　**一九四五年**
8月6日広島に原爆投下、8月9日長崎に原爆投下などを経て、9月2日に降伏条約に調印、大東亜戦争（アジア太平洋戦争）が終結した。

※15　**一九四一年**
12月8日真珠湾攻撃。大東亜戦争始まる。

※16　**一九三七年**
7月7日盧溝橋で日中が軍事衝突、支那事変が始まる。

※17　**一九三一年**
9月18日関東軍が謀略で、柳

ものにしかならない。他者に説明できないわけですから、内閉して結束して、味方と敵を作ってしまう。極端な場合はヘイトスピーチ。

これは、失敗してるんです。ある範囲の人びとが共同性を作り出すためには、共通の過去が、確かに必要です。でも、共通の未来がなければ、いま何をしたらいいかが導けません。未来は、存在しないんです。存在しない未来を、私たちは共有して、そのためにこう頑張ろうと言うためには、過去以外の何かが必要です。いま日本でいちばん欠けているのは、共通の未来ではないだろうか。

共通の未来の描き方にはいろいろある。たとえば、もし豊かさを描くなら、日本の科学技術や教育システムなど、第三者にとって役に立ちそうなものを拡げていって、世界が豊かになればいい、と言ってもいいんです。もしアジアとか文明の共存とか、そういう日本より広い範囲の共通性や友愛や助け合いの関係が想定できるんであれば、そういう5年後10年後、50年後に向けたプロジェクトを考えて、提案して、私たちはそのために頑張りますから皆さん頑張りましょう、って言え

条湖の満鉄線路を爆破し、満洲全域を征圧した。満洲事変。

ばいいんです。こういうものが出てきているかどうか、日本から。非常に少ない。

グローバル化って日本の場合、情報なんですね。情報とは、相手がいま何を考えているか、なんですよ。相手がいま何を考えてるかを遅まきながら調べて、それに対応するということしかやってない。でも情報って、相手が発信してしまったら、もう過去に属します。それは未来ではないんです。まだ相手が考えてないこと、まだ自分も考えてないこと、それをいま考えて、言う。こういう態度がないと、安倍政権の考え方を乗り越えることはできない、と思います。

島薗 先ほど、中国は今、中身を入れ替えているという話もありました。確かに中国は現在過渡期で混乱していますが、同じようにアメリカや西欧も、かつてのように堅固ではなくなってきました。つまり西洋中心の世界社会が構想できたものがいまや大きく揺らいでいるのに、それに代わるものをまだ構築できていない。いまだ世界のどの文明も普遍を保持しているとはいえないのです。

ですから我々がこの議論で何をやろうとしているかというと、日本について考えながらそれを突き抜けて、世界の中の日本を捉えることで世界の見方を変えていくようなビジョンが出せるだろうかと、そういうことをやればよいと思っているわけです。

その点で、橋爪さんのおっしゃっていることはよく理解できます。日本では明治維新が称賛されているが、アジア太平洋戦争の失敗はうまく説明できていない。あるいは１９４５年以降の私たちが何者であるかということについての見方が大きく分裂し、それを捉える機軸が見いだせていない。明治維新後の近代化のあるところまではうまくいったけど、その後ダメになったと、一般的にはそう言われているのですが、それではどこがどういうふうにダメだったのか。たくさん説明されてはいますが、普遍化できるような形では捉えられていません。

近代日本がどこで道を誤ったかということを考えるには、私は明治維新からおかしかったのだと考えるべきだと思っています。明治維新の方向性について検討し直し、そして立憲君主制[※18]の形成や日清・日露の栄光のかげで見失ったものを見定め、日中戦争からアジア太平洋戦争に至る戦争の失敗を説明し、そこで戦後とは何だったかの見方を新たに構築し直すべきだと思うのですが、そこについての議論が大きなビジョンに展開するものになってはいません。そういうビジョンを作ることができて、初めて儒教や日本的なるものについての議論が構築できる。その結果として世界の中での日本の位置が見え始め、**世俗主義的ヒューマニズム**[※19]の未来に変わりうるものを世界の諸文明や諸国とともに見出していくことが可能になるのではないでしょうか。

日本と連合国の異なる〝経験〟

橋爪　おっしゃる通りですね。

ふたつのことを言ってもいいですか。ひとつは、ある意味マイナーなことですけれど、戦後平和主義はどこがおかしいか。もうひとつは、

※18　**立憲君主制**
憲法に従って行なわれる君主制。原則として君主の権力は憲法に従って行使される。

※19　**世俗主義的ヒューマニズム**
セキュラーヒューマニズム。神など超越的存在を前提とせず、それに対する信仰がなくても人間は道徳的でいられるという立場。

日本が普遍言語を求めていくとして、ヨーロッパ文明はなぜある時期に普遍言語を手に入れたと信じたのか。

最初の問題から言います。日本は敗戦を迎えましたが、日本人はそれを日本の側からしか考えていないんです。負けたと思っている。連合国は勝ったんです。だから勝ったという経験もあるんです。

さて連合国とは何かと言えば、アメリカとイギリスと中国と、それから世界何十ヵ国、すごい数の国々です。中国は、日本に侵略されたから、自衛戦争を戦っていたんです。アメリカは、日本が真珠湾を攻撃したから、領土を攻撃されたので、反撃しているわけであって、やはり自衛戦争です。だけど**連合軍**[20]の多くの国は、何の関係もない国々で、ただ日本が軍国主義・全体主義・侵略主義だから反対するっていう、正義の戦争に参加してるわけです。**集団的自衛権**[21]なんですよ。集団的自衛権を発動して、侵略国家を打ち滅ぼし、勝利した。これが連合国の経験でしょう。その上に、**国連**[22]ができているでしょう。その上に、**サンフランシスコ講和条約**[23]が結ばれているでしょう。そして日本

※20　**連合軍**
第二次世界大戦中の連合国の軍隊。

※21　**集団的自衛権**
ある国家が外国から不法な侵害を受けた時に、ほかの国家と共同して防衛に当たる権利。

※22　**国連**
国際連合。第二次大戦後の世界の平和を維持する国際的な機構として1945年に発足。

※23　**サンフランシスコ講和条約**
1951年9月8日、サンフランシスコで日本がアメリカなど48カ国と調印した、連合国との戦争状態を終結させ、独立を回復した条約。

の独立は、回復されているでしょう。だから戦後日本は、連合国のこの一連の考え方にコミットしない限り、独立できないし存在できないんですよ。

だけど日本人は、連合国の考え方をすっ飛ばして、日本国憲法、特にその第9条にコミットすればいいと思ってるんです。これはこの戦争の真実の、半分か半分以下だと思う。

連合国の立場からすれば、平和と正義を守ったのは、血を流して戦ったその国々の兵士たち若者です。その犠牲の上に、国際社会の秩序と平和を勝ち取ったと考えているわけ。だから日本の平和も独立も、日本の将兵の犠牲もあるが、それ以上に日本と戦った国々の兵士の犠牲もあるわけですね。その血が贖ったのが、日本の独立と平和です。両方ある。靖国神社[※24]には半分しか入ってない。だとすると、どう言えばいいかな。日本人が集団的自衛権に拒否反応を示すとして、政策的にそれはまずいという考えなら理解できますが、でもそもそも道徳的にいけないみたいな考え方は、矛盾している。だいたい国連憲章が、

※24 靖国神社
東京都千代田区九段にある神社で、幕末以来の国事殉難者約二五〇万の霊を祀っている。戦前は別格官幣社と呼ばれ、陸海軍省と内務省が所管していた。

集団的自衛権を認めている。集団的自衛権は、小国や弱国が安全を保障するための規定です。国連に加入している日本がなぜ、集団的自衛権がまるごとおかしいっていう議論にコミットできるのか。国際情勢や外国との関係からそれはまずいという議論なら、合理性がある。でもそういう議論ではなくて、戦後日本の平和の根幹をまるごと否定してしまうものだから反対だ、という議論になっているんですね。私はそこに、普遍言語に届かない、日本の特殊な条件、特殊な経験に心情的にコミットしているという態度を感じる。だとしたら、普遍言語を発するのは無理です。これがひとつ目の話です。

なにかコメントはありますでしょうか。

島薗　ふたつ目の話をうかがってからにします。

橋爪　もうひとつは、関連はしていますが、直接関係ない話です。

島薗　では、今までの区切りでお話ししましょうか。これはとても大きな問題ですから。先ほどの橋爪さんのお話で、靖国神社には半分しか祀られていないということがありましたが、これは日本だけではなく、多くの国では自国の兵士だけが追悼慰霊されていて、相手国の兵士はされていないことが多いと思います。

橋爪　自国の軍人だけを祀ることが問題なのではなく、相手国の軍人の犠牲に思いが及ばないことが問題なのです。

島薗　靖国神社にも一応外国を含めすべての戦争犠牲者を祀る鎮霊社[※25]というのが小さいけれどもあります。

橋爪　脇のほうに。

島薗　一応、形の上でそういうものがありますね。

※25　**鎮霊社**
靖国神社の中にある、神社には合祀されていない国内外の人を慰霊するための施設。1965年に建てられた。

そして集団的自衛権と普遍言語の話がありました。集団的自衛権というのは第二次世界大戦の戦勝国の体制が前提にあるということですが、その第二次大戦で勝った連合国の正義というものは、それ自身が普遍言語ではないですね、当然ながら。ですから日本は戦勝国が定めた体制の中にあるのだから、集団的自衛権を否定するのはおかしいということですが、集団的自衛権を肯定すると、憲法第9条とは矛盾してしまうという議論だと思います。

私は、憲法第9条は、やはり第二次世界大戦から生まれた集団的自衛権を正当化する論理とは違う、もうひとつの論理を含んでいると思うのです。敗戦国として連合国の戦争観を受け入れたということと、第9条を持つ憲法体制になったことの間に一種の自己矛盾が存在する。そこをどう理解するかが、私たちの課題であり、共通の未来を作っていく道筋にもなると思います。

私はやはり靖国問題も憲法9条の問題も、もとをただせば日本の軍国主義と大いにかかわってくると思います。つまり日本はかつて軍部独走の体制の中で中国に無謀な戦争を仕掛け、展望のない戦争にのめり込んだ。満洲事変[※26]で石原莞爾[※27]は最初はソ連を相手にしていたわけで、それ自身も大いに正当性を欠いた作戦でしたが、少なくともその時点では対ソ連に限定する道があった。しかし戦線拡大にのめり込んだ。どうしてそのようなことが可能になったかといえば、明治維新以来の日本が軍国主義の基盤を育ててきたからです。陸軍が民衆の声を背景に政治を動かすような、そういう体制になってしまっていた。そのことを遡れば、天皇以外には軍隊を動かせないという統帥権[※28]の独立——それは実質的には陸海軍が自身の意向で動けるということになっていったわけです——に行き当たる。

さらに遡れば、そもそも明治維新では下級武士が維新を通して天皇中心の体制を作った。武人が直接天皇と結びついて変革を起こす。そのことが正当であり理想であるという考えが、明治維新からすでに規定されているのです。だから、その後も昭和維新などということが唱えられた。それを思想面宗教面で支えたのが、まさに軍部の神社だっ

※26 **満洲事変**
1931年9月18日の柳条湖事件をきっかけに関東軍が満州を征圧した事件。

※27 **石原莞爾**
（1889〜1949）1928年関東軍参謀となり、満州事変を指導した。37年の盧溝橋事件に対しては戦争不拡大を主張した。

※28 **統帥権**
軍の最高指揮権。明治憲法では天皇に属した。

た靖国神社です。天皇のために死んで靖国で神として祀られるという思想でこの精神主義的な軍隊を作り、政治に介入し、無理な作戦を仕掛けて止めようがなくなった。それが国家神道と深く結びついてくると思うのですが、そのことを見直しつつ、**東京裁判**[※29]や憲法9条、サンフランシスコ講和条約の関係を解きほぐしていかなければいけない。

ヨーロッパはなぜ普遍たりえたのか

橋爪　なるほど、はい。

これを踏まえて、ふたつ目の話題、ヨーロッパ文明がなぜある時期、普遍言語を手にしたと思ったのか、について考えてみたいと思います。それは、キリスト教をベースにしながらもキリスト教と、距離が取れたからだと思うんですね。

キリスト教をベースにしているところは、説明すると長くなるから、パスします。

※29　**東京裁判**
極東国際軍事裁判。連合軍が日本の戦争犯罪人に対して行なった裁判。１９４６年５月に開廷し、48年11月に判決。東条英機ら25人の被告を審理し、7名が死刑となった。

キリスト教と距離を取るというのは、どういうことか。「自然」という概念を手に入れたことが大きいと、私は思う。なぜ自然という概念が手に入ったか。それは、キリスト教に、天地創造の話があるからです。

神が、天を造って地を造って、海を造って山を造って川を造って、植物を造って動物を造って、人間を造った。この、神が造ったものを、自然という。自然とは、神が造ったそのまま、という意味なのです。

この考え方はなかなか面白くて、造られたものの中に神はいない。造られたものは、モノである。そのモノの秩序は、神の命令に従っている。神はいちいち命令しないで、そのモノに内在する法則をつくった。その法則が機械的にモノを支配している、というふうに考える。でもモノが機械的に動いているだけだったら、神がそれを支配しているのか、わからないですね。そこでそのモノの運動は神の意思で任意に停止できると考えていて、その任意に停止できることを奇蹟という。奇蹟はいついかなる瞬間でも可能なのです。すると、自然法則が停止するのは神の意思であるように、自然法則が停止しないのも神の意思である。どこからどこまでも神の意思である。こういうことになります。神学的につき詰めていけば、これ以外の考え方はないはずなので、キリスト教ではふつうに、こう考えるはず。

それを人間に当てはめると、個人が生命として、かけがえのない個性として生まれたということは、神の意思である。生まれてから、現に毎日生きていることも、神の意思である。寿命がくる日まで生きるであろうことも、神の意思である。事故や病気で死んじゃうことも、神の意思である。神の意思に背くことや逆らうこと、神の意思に無関係なことは、一切起きないということになる。自分について考えるときに、神との関係で自己を理解するのは、キリスト教の習慣だと思うんですね。イスラム教もこういう習慣なんですけども、キリスト教がイスラム教と違うのは、教会を作って、その考え方を共有していたのに、教会が分裂してしまって、以上のような理解を、教会がそう言うからっていうふうに納得するってことができにくくなってしまったこと。最後は、自分で納得する、でないといけない。自己責任なんですね。

で、神がこの世界を支配しているということを、自己責任で納得できるかなんですが、納得するということよりも神のはたらきのほうが大きい。納得したからこの世界を神が支配しているのではなく、神がこの世界を支配しているからそれが納得できるのですね、キリスト教的に言えば。それが納得かどうか、という問題が起こります。で、この神の意思とシンクロしている自分の精神に名前をつけて、それを理性と呼んだ。理性は自然なので、神から与えられたものなんですね。神から与えられたものだけど、自分なんです。そういう非常に妙なものができあがった。

キリスト教にはもうひとつ、聖霊[※30]というものがある。聖霊は理性を超えているもので、任意の時に個々人の精神に働きかけてくるんですけれど、働きかけてこないときもある。聖霊はあてにならないんです。でも理性は、目が覚めている限り、常時働くことができ、トレーニン

※30 聖霊
神の位格のひとつで、父と子から出て、神と崇められる。父と子と聖霊は一つである（三位一体）。

グすることもできる。数学、物理、哲学などがそうです。

そうすると聖霊が働いてないときにも、神の造った世界と向かい合うのが、理性の非常に重要な役割です。しかも理性は、信仰を持たない人にもある。イスラム教徒にもある。ギリシャ人にもある。インド人にも中国人にも日本人にもあるでしょう。世界のすべての人びとを、キリスト教徒でない人びとを含めて人間全部を、神が造ったのだから、人間全部の中に理性があり、その理性は自然を理解する。

そうすると、自然科学というものができて、これはキリスト教徒でない人びとにとっても当てはまると主張できる。

自然は、神の意思によって存在しているので、すべて自然は正しい。自然の一部である、私の存在も正しい。だから私が食べ物を手に入れるのも正しい。社会を作って、国家を作って生きていくのも正しい。というふうに、その正当化の根拠の最終的な基点は、自然になる。権利も、自然の権利とよばれる。自然法ですね。こういう正当化の論理を、キリスト教のロジックの内部から考え出した。そしてそれを、キリスト教徒でない人びとにも説明できる、世俗的な論理で表現できた。この、世俗的な表現が**啓蒙思想**[※31]だと思うんですけれども、この時点で大変な自信を手に入れたと思う。カトリックとプロテスタントの教会の分裂が克服できたというふうに考えたんです。この、自然の観念が自己正当化の論理になったというのが、第一。

第二は、戦争が強いということです。

火薬は中国人が発明したのですが、ヨーロッパに伝わって、本格的に役立てられるようになった。銃と、大砲が実用化された。銃は人間を標的にして、人間を撃ち殺す。大砲は砦や船を標的にして、軍事施設を破壊する。それまでは人力だったから、甲冑で身を固めた人間を殺すのは容易でなく、軍事施設を攻め落とすのも容易でなかった。それが極めて容易になった。お金をかければ戦争に勝てる、ということです。

お金があれば戦争に勝てるのであれば、市民でもよいわけだ。市民が軍事力を手に入れ、その市民が理性を使って、国家はあったほうが

※31 啓蒙思想
17世紀末から18世紀にかけてヨーロッパで起こった思想で、人間理性の自律を唱え、旧体制を批判した。ロック、ヒューム、モンテスキュー、ヴォルテールなど。

いいと主張する。国家は、軍隊を備えてもよく、戦争してもよい。これを正しいと思えば、世界を手に入れることができる。イスラム教徒は、国家の観念を持てなかったから、こういう戦争を正当化する論理を作り出さなかった。キリスト教徒の場合、地上には神の代理人がいないので、国家は存在していい。

このふたつの理由によって、彼らキリスト教徒は絶大な自信を手に入れたと思うわけです。以上のことを言葉で言う。そうすると哲学になる。哲学は、聖書に書いてないことだけど正しそうなことを言う、ということです。

とりあえずここまで。

政教分離により近代化した社会

島薗 これは壮大な理論ですね。

例えば中国の12世紀の思想家の**朱子**[※32]の体系の中にもある種の自然論

※32 朱子
44頁「朱子学」を参照。

や世界に対する統一的な説明原理があり、それをもとに自然探究をするという可能性もないわけではなかった。

自然探究とは、橋爪さんの説明によると、自然の制作者である神を知ることに対する熱情ですね。カント[※33]もある段階までは自然学を通して神に近づこうとしていたし、ニュートン[※34]も自然法則を知ることで神を知ることができると考えていた。自然という概念によって理性が独立したと同時に、自然は神の制作物であるがゆえに探究に値する、自然を知ることで神に近づくという非常に強い論理があった。そういうふうに理解してよろしいでしょうか。

橋爪　その通りですね。

島薗　これは橋爪さんの共著書『ふしぎなキリスト教』（２０１１年／講談社現代新書）を貫くひとつの問題意識でもあると思いますので、私なりに理解したところを申し上げます。

※33　カント
（１７２４～１８０４）ドイツの哲学者。著書『純粋理性批判』『実践理性批判』。

※34　ニュートン
（１６４２～１７２７）イギリスの物理学者。万有引力の法則を発見。著書に『プリンキピア』。

※35　井筒俊彦
（１９１４～１９９３）日本の言語学者。イスラム学者。

やはりキリスト教は（勃興した頃）マイノリティの宗教として、ユダヤ社会の中で政治に失敗した。その失敗を補うものとして、救いの論理が洗練されていった。それがローマ帝国の中でキリスト教徒がマイノリティとして自己形成をしていく基礎となっている。つまり強大な国家秩序ができていくときに、国家には合致しない真理の世界を確保するという現象が起こると思うのです。

これはキリスト教だけではなく、イスラム学者の**井筒俊彦**※35さんの理解を私なりに援用しますと、イスラム教の中でも**シーア派**※36や**スーフィズム**※37の内面重視の伝統に敗者の立場が反映されていると受け取れますし、仏教でもインドの**マウリヤ朝**※38で**アショーカ王**※39はたくさんの人を殺したことを反省して不殺生の仏教を尊ぶようになった。ですから戦争による暴力性のもとに作られている世俗の国家秩序とは異なる何かを主張することが国家秩序からはみ出る人たちに支持されると同時に、国家体制側はそれをうまく取り込むことで支配の体制を整える、ここに救済宗教と国家が密接に結びついてきた深層の理由があると思うの

東洋思想研究家。著書『イスラーム生誕』。

※36　シーア派
イスラム教の二大宗派のひとつで、多数派のスンニ派に対し、イスラム教徒の約10パーセントを占める少数派。

※37　スーフィズム
イスラムの神秘主義。神との合一を目指し、独特の哲学を展開する。

※38　マウリヤ朝
紀元前317年頃から紀元前180年頃に存在したインド最初の統一王朝。第三代アショーカ王のときに最盛期を迎えた。

※39　アショーカ王
マウリヤ朝第三代の王。仏教の保護・発展に努めた。

です。

そしてキリスト教が典型的に持っている政教分離的な秩序は、歴史宗教（世界宗教）に共通して存在する今述べたようなパターンを基盤としていますが、特に世俗の国家秩序が宗教的なものから独立したのは15～16世紀以降の展開だと理解することには私も賛成です。ただ、その理性が強調されたある時期において、理性と神の啓示は対峙した。理性こそが神から与えられたものであって、自由な理性の追求こそが本来の神に近づく手段だという特別な理念ができ、理性重視の**理神論**[※40]が出てきた。これは橋爪さんもおっしゃっていますが、ある時期からキリスト教がギリシャ的な理性による自然理解を取り込みましたね。13世紀の神学者、**トマス・アクィナス**[※41]の時代かもしれませんが。

しかしここで問題なのは、政教分離によって近代世界が作られてきたとすると、それが普遍的なものだという理解が、今、崩れてきているのではないでしょうか。**セキュラーヒューマニズム**[※42]（人間第一主義）が人類の未来だとみられていた40～50年前には、イスラム教もユダヤ

※40　**理神論**
世界に普遍的に存在する法則の創造者としての神は認めるが、人格的な神は認めない考え方。

※41　**トマス・アクィナス**
（1225頃～1274）イタリアの神学者・哲学者。主著は『神学大全』。

※42　**セキュラーヒューマニズム**
頁64「世俗主義的ヒューマニズム」を参照。

教もキリスト教風の政教分離に従いなさい、という理念が理解されていたのですが、いまやそうではなくなってきた。ですからキリスト教の聖俗分離のプロセスそのものが相対化されて、ひとつの文明の展開ということにすぎなくなっているのかな、という気がします。

多元的な世界観を求めて

橋爪　おっしゃる通りですね。

ひと言で言うと、理性にあたるのは、数学。戦争は、要は暴力ですね。数学は、誰でも理解できる。暴力も、誰でも理解できる。どちらも言葉を使わないからです。ということで、西欧キリスト教文明は普遍性を主張したけれど、それは数学と戦争によって主張された。

いま暴力は、禁じ手となっていて、人類共同体を作る根拠にはならないとされている。数学のほうは、科学技術というかたちをとって、こちらはもう少し希望がかけられているわけです。科学技術はもっと発展しないといけないし、それは私たちの生存条件をより強めてくれるとは思うんですけれど、問題がある。数学は宗教と分離しているので、キリスト教からこのシステムが出てきたのだけれど、イスラム教やヒンドゥー教や中国や日本やといった伝統的な社会の間の差異を、表現する方法がない。正当化する方法がない。だから数学と、隠し味としての暴力がある。これを強調するということは、極端に言えば、あんたイスラム教徒をいつまでもやってるんじゃないよ、って言うのと同じだから、当然反撥が来る。この反撥――グローバル社会はのっぺり一元化しているんじゃなくて、自分たち個別のアイデンティティを持っていてもいいじゃないか。そういう主張は、数学でも暴力でも表現できなかったら、どういう方法で表現できるのか。それが難しい。

いまはだから、宗教＋暴力、というかたちで表現してるんですね。宗教は、個別的なものだから、いくつも宗教があるわけで、そういう自己表現は可能。それを暴力と結びつければ、相手に説明する必要がない。いつでも自己主張できるけれど、これには何の未来もない。そこで私たちは、途方に暮れているという状況だと思うんです。

島薗　私は、科学技術の未来に大いに関心があります。要するに聖俗分離で科学技術が宗教の枠を取り払って、ある種の普遍言語になった。しかし、その科学技術がコントロールできないものになっていることが、この数十年、特に21世紀に入って顕著になってきたと思うのです。それは一方で科学技術、一方で暴力が市場経済と結びついており、市場経済のもとで肯定されると、より多くの利益や快楽とシンクロしてしまう。それを人類が追求することを、止めようもないのです。その結果として、これまで築き上げた文化の秩序が壊されてしまうということがありますね。

ですから戦争という表立った暴力が見えにくくなっている代わりに、いわゆる構造的な暴力というものが、あらゆるところに行き渡っているという状況になってしまった。逆に言うと、その数学と暴力によってできた近代秩序に対して、何かそれは足りないのではないですか、という意識もとても強まっている。近代秩序への反発として、伝統社会から伝えられてきたものをそれぞれの文化圏で表現しようという欲求が強まっているのは、未来社会への希望という意味でも歓迎すべきことを含んでいます。

　そして、この対談の最初に出てきた**マックス・ウェーバー**[※43]的なビジョンは多元的なまだらの世界であるということからすれば、エコロジー的にもその多様な世界観というものは肯定的に捉えることができる。ウェーバーの考えの中には、その多様な世界観における神々・宗教間の対立が人類文明を脅かすという考え方と、多元的であるがゆえに豊かな人類社会になり得るという両面があったと思いますが、今の我々の社会ではむしろ後者・多元的ゆえに豊かになりつつあると考えるほかないのではないでしょうか。ですから私が思うに、今は一元的な真理を求める科学と並んで、多元的な世界観や文法を前提にした学術——比較文明論とか宗教学もそれに近いですが——が求められている。そこにかなりの力を注ぐ必要があるのではないかと。そうした発想の

※43　マックス・ウェーバー
頁17を参照。

方が日本人にとっては一元的な科学に頼るよりも、ある意味ではわかりやすいですよね。

日本人は言語化する能力や、普遍言語に対する親近性がないという話があったのはその通りだと思うのですが、その普遍言語がないという枠組みの中で悩み続けてきたところもあるわけです。そこで、日本人が日本独自というところに閉じこもらないとすれば、多様な文明の差異をどう表現し調停していくかということを今後求めざるを得ない。その場合のひとつの戦略的なコンセプトとして、また、人類文明の多元性を理解するための道具として、宗教を取り上げていくということに可能性を見てよいのではないでしょうか。

3

イスラム教と仏教と
キリスト教は何が違うのか？

日本人にとってイスラムとは何か

島薗　2015年1月にIS（イスラム国）に日本人が殺害されるという事件が起こりました。このテロに対して安倍首相が対決姿勢を示したことで、これまで西洋対イスラム、あるいはキリスト教・ユダヤ教・イスラム教の一神教内の問題であると見られていた対立構造のなかに、日本人も今後は深く関わっていかざるを得なくなっていくのではないか——。これまではどちらかというと、イスラムを味方と感じて欧米とは一線を画していると自らを位置づけていた日本人も多かったと思うのですが、どうもそういう距離関係は、これからは維持できなくなりつつあるような気もします。

橋爪　おっしゃる通りですね。

イスラムはよく理解出来ないし、距離感も摑めないし、態度がとれない。無理にケンカするつもりもないが、仲間であるとも思いにくいという、中途半端な感覚の日本人が大部分だろうと思います。

イスラムについて真剣に考えようとした日本人は、いないことはなかった。ただし、広がりが少なかった。広がりが少ない理由は、やはりイスラムの問題を解きほぐす補助線が足りないんだと思う。

島薗　はい。

橋爪　日本人がよく知っている補助線は、仏教。それから、儒教。それから、ローカルな神道[※1]。あとキリシタンとか、いくつかあるんだけれど、これを足し算・引き算・かけ算・割り算しても、なかなかイスラムに届かない。本当は、キリスト教と近いわけだから、届きそうなんですけど、届かないと思います。

※1　神道
頁29を参照。

後者の、儒教、仏教、神道がなぜイスラムに届きにくいのかという話は、ゆっくりやるとして、最初の、努力した日本人の話をしたいと思います。

これまで、名前が出ていないと思うが、**大川周明**[※2]の話です。

島薗　確かに出てないですね。

橋爪　大川周明という人がいて、手近な書物としては**『回教概論』**[※3]（1942年）。あと、**『米英東亜侵略史』**[※4]（1942年）とか**『復興亜細亜の諸問題』**[※5]（1922年）とか、よい本が何冊もある。『復興亜細亜の諸問題』は非常に精密、緻密に、イスラム世界の現状（当時の）を分析している。現状分析の専門家ですね。彼は、植民地経済学者で、100年前に書かれたものなのに、今日から見てもとてもクオリティが高い。アフガニスタンとかペルシャとか、中東のあたりの現状分析は、固有名詞を入れ替えると、そのまま現状分析として通用するんじ

※2　大川周明
（1886〜1957）植民地経済学者、思想家。五・一五事件に関与したとして禁固5年の判決を受け、終戦後の東京裁判では民間人ではただひとりA級戦犯として起訴された。

※3『回教概論』
1942年、慶応書房。2008年、ちくま学芸文庫。

※4『米英東亜侵略史』
1942年、第一書房。

※5『復興亜細亜の諸問題』
1922年、大鐙閣。2016年、中公文庫プレミアム。

ゃないかと思うぐらいです。

いっぽう『回教概論』は、現状分析ではなく、イスラム神学・哲学・法学の原理を予備知識のない一般読者向けにまとめたものなんですけれど、大変そつがない。大事なことが全部書いてあり間違ったことはほとんど書いてないという、とてもすぐれた本です。今日でもイスラム教を知るのに適切な入門書だと言える。

島薗　そうですね。

橋爪　こういう努力をした人がいて、戦前、戦中の言論界に影響力を持っていた。

なぜかと言えば、日本は、東南アジアを勢力圏に収めなければならなくなった。インドネシアそのほかに、ムスリムがいた。中国ははじめからムスリムを版図に含んでいるから、イスラムの存在を意識し続けていたと思うけれど、日本は極東地域で、イスラム教徒がいない。

フィリピンまで行くとイスラム教徒がいる。インドネシア、マレーシアまで行けば、住民はほとんどムスリムだらけなわけです。ゆえに急いで、イスラムと連携をはからなければならなくなった。開戦後は、英領インドにもちょっかいを出しましたから、インドにもムスリムがいるので支援できないかということで、研究費が出て、相当真剣に勉強した。その最も優れた**オーガナイザー**[※6]が大川周明だったということです。

動機が、軍事・外交・政治的な要請に直結していて、その筋から資金が出ている。**満鉄調査部**[※7]のようなノリですね。国民のイスラムに対する関心が盛り上がって、そういう調査研究が行なわれたわけではない。だから戦争に負けてしまって、**大東亜共栄圏**[※8]が夢と潰えて、日本の勢力範囲が縮小してしまえば、イスラムを理解する必要性はほぼないという状態に舞い戻ってしまった。ささやかなイスラム学アナリストみたいな人びとの、小さなサークルとして活動する程度で、日本の言論界に対する影響力は微々たるもの。戦後はそういう、数ある学者

※6　**オーガナイザー**
組織を作り、その拡大を図る人。

※7　**満鉄調査部**
満鉄（南満洲鉄道株式会社）は、１９０６年から１９４５年まで存在した半官半民の国策会社。満鉄調査部とは満鉄に設けられた調査機関で、東アジアを中心とする国際情勢を分析研究した。

※8　**大東亜共栄圏**
大東亜戦争期に日本が掲げた標語で、日本を中心とする満洲・中国及び東南アジア諸国の共存共栄を説いた。

サークルのひとつになって、細々と活動を続けて現在に至る。本来ならば、持続した関心で、正面からイスラム研究をやっていれば、100年の蓄積があったはずなんです。けれども、ほとんど忘れ去られたような状態だったところに、突然の9・11[※9]のアルカイダ[※10]のテロで、急に日本でも、ようやく国際社会並みに関心が高まり、イスラム学者に出番が回ってきたという、だらしない状態なんだと思うんです。

島薗　大川周明は東京大学文学部で宗教を学んだということで、私の先輩に当たります。そもそも日本における宗教学は、明治時代に、それまでの宗教の対立を超えて普遍的宗教を目指そうという動きに刺激されながら始まりました。それはまだ儒教的な素養が強かった明治の知識人には魅力的な観点でした。従来のキリスト教や仏教が持っている神秘的、神話的な部分を削ぎ落とした、ある種の合理性を持った普遍宗教のようなものが一定の希望として現れたということはあると思います。それは「新宗教」と呼ばれることもありましたし、仏教学者

※9　9・11
2001年9月11日にアメリカで起こった同時多発テロ。

※10　アルカイダ
80年代にオサマ・ビン・ラディンが設立。01年には9・11テロを引き起こした。

の**鈴木大拙**[※11]なども初期にはそのようなものを目指していました。

また、**松村介石**[※12]という明治から昭和にかけて活躍し、「道会」という新宗教を作ったプロテスタント系の指導者がいますが、この人は**ユニテリアン**[※13]といって、キリスト教は信じるが、三位一体、つまり神と子と**聖霊**[※14]が一体となっていて、キリストは神の子であるというキリストの神性は否定する宗教団体の影響を強く受けていました。

大川周明はこれに共鳴していたので、つまり世界の多元的な諸宗教を統合できるような神学といったものを求めていたのだと思います。それと、西洋の**ヘゲモニー**[※15]に対抗するアジアの団結という論理の接合の中でイスラムに着目した。これは橋爪さんもよく言っておられることですが、イスラム教の世界観には、ある意味では神話性は少ない。神と**預言者**[※16]がいるだけで、キリストのような「神の子」はいないわけです。大川周明はそこに魅力を見たと同時に、世界政治的な戦略からイスラムを研究した。

戦後になっても**アジア主義**[※17]という概念に対する人気というのは、あ

※11　**鈴木大拙**
（1870〜1966）仏教学者。北米に禅と仏教を広く紹介した。著書『日本的霊性』など。

※12　**松村介石**
（1859〜1939）宗教家。牧師として宣教活動に従事し、正統的な教会の信仰から外れて日本的キリスト教を提唱した。

※13　**ユニテリアン**
三位一体説を認めないキリスト教系の一派。

※14　**聖霊**
頁74を参照。

※15　**ヘゲモニー**
覇権。

る程度続いてきましたが、やはり日本でイスラム研究の基盤が弱かったのは否めない事実で、それはイスラム教徒と日常生活の中で接する場面が少なかったことに原因があると思います。それと同時に、これは今日の主題に関わることだと思いますが、日本人は「この宗教でなければならない」という種類の排他主義に対する心理的な距離感というものを、ずっと持っていますね。その文脈からきているのでしょうが、「イスラムもキリスト教も、お互いが理解し合い、共存するべきである。そのために、自分たちは何か貢献できるのではないか」という意識も持っている。宗教を相対化しながら関心を寄せる宗教学の立場は、こういう感じ方と親和性があります。

ですが、私はカイロ大学で6週間教えていたときによく分かったことがあります。エジプト人はトルコ人と同様に親日感情が強いのですが、彼らの世界観の中に仏教はまったく無いですね。やはりイスラム教徒は旧約聖書[※18]に出てくるアブラハム[※19]の宗教、預言者の宗教以外は宗教と言えないと思っている。仏教は非常に遠いというか、存在しない

※16　預言者
神の言葉を聞き、それを人びとに告げる者。

※17　アジア主義
アジア諸国と連帯して西洋列強に対抗し、アジアを解放しようと唱える主張。

※18　旧約聖書
もとはユダヤ教の聖典（タナハ）をキリスト教が聖典とした際の呼び名。

※19　アブラハム
創世記に登場する、イスラエルの民の祖とされる人物。

ような感じを持っているのが現状です。インドから西の世界は宗教学的な問題意識が弱いです。

イスラムはトッピングに出来ない

橋爪　日本で宗教学が非常に人気だという、いろいろ示唆深いお話でした。

日本では宗教よりも宗教学のほうが、たぶん人気がある。私に言わせると、宗教学というのは、毒性を抜いた結核菌みたいな、BCGと似たところがあって、病気にはならないで抵抗力がつく。そういうニーズがあるので、宗教学は社会的に認知されているんです、学問のひとつとして。

欧米世界では、そんなことはない。私の感じでは、宗教学なんて、とても周辺的な学問であって、社会の評価は高くない。奇妙な宗教崩れの知識人がいろいろ面白いことを言っているみたいな、19世紀終わりから20世紀初めにかけての時代思潮を残した、傍流の知的グループみたいに扱われているんじゃないか。

本流は何かと言えば、もちろん聖書学であり、神学であり、さまざまな教派の教義学である。こちらのほうが、人数や研究の厚みがずっと大きい。教会の支持も受けている。ただ少なからぬ人びとは、宗教学を生み出す程度には、そうした本流に批判的で、伝統的なキリスト教から距離をとろうとしてるんですよ。

この傾向は、国によって違うのだけれど、おそらくフランスがいちばん極端で、キリスト教に冷淡です。ドイツだってイギリスだって北欧だって、それなりに距離はとっている。アメリカはフランスの反対に、積極的に教会にコミットする人びとが多い。福音派[※20]のように、聖書を神の言葉だとまともに信じているというタイプの人びとが、五千万人から、多くて1億人ぐらい。欧米キリスト教圏のなかでは、ダントツに多い。いっぽう、政治は宗教とは別だと考える良識ある人びとも、それ以上に多い。それでバランスが取れているわけです。

※20　福音派
プロテスタントのうち、聖書を文字通り神の言葉と考える人びと。エヴァンジェリカルズ。

島薗　なるほど。

橋爪　これに比べると、イスラムは対極的です。イスラム文明圏の人びとは、イスラム教と距離をとるのが下手くそ。と言うか、そんなことはそもそもあまりしないんですね。ふつうの人びとが、**コーラン**[※21]は神の言葉だとか、**ムハンマド**[※22]は最後で最大の預言者だとか、もし異教徒が攻めてきたら**ジハード**[※23]の義務があるとか、日常生活で宗教法を守らないといけないとか、そういうことを当たり前のように信じて暮らしている。アメリカで言えば、福音派レベルです。

ユダヤ教にも、正統派のユダヤ教徒という厳格な人びとがいて、いろんな律法を厳格に守っている。イスラム教徒みたいです。でも彼らは、少数派なうえ、マジョリティのキリスト教徒と混じり合って暮らしている。反キリスト教的な傾向はない。それ以外の厳格でない人びとは、実はユダヤ教徒ですと言われない限り、外見からはそれとわからない。つまり、ユダヤ教の伝統と距離をとろうという態度の点で、

※21　コーラン
イスラム教の聖典。ムハンマドの受けた啓示。クルアーン。

※22　ムハンマド
（571頃～632）イスラム教の開祖。40歳のころアラーの神の啓示を受けた。

※23　ジハード
イスラム共同体を守るための努力。聖戦。

※24　マルクス
（1818～1883）ドイツの経済学者・哲学者。著書『共産党宣言』『資本論』

※25　フロイト
（1856～1939）オー

ユダヤ教徒の人びとも、キリスト教徒とよく似ていて、こだわらないわけです。ユダヤ系の人びとの知的生産性ってすごく高いじゃないですか。名前をざっと挙げるだけでも、**マルクス**[※24]とか**フロイト**[※25]とか**レヴィ=ストロース**[※26]とか**ヴィトゲンシュタイン**[※27]とか**チョムスキー**[※28]とか、いろいろいるわけですね。その特徴は、知的なアウトプットが、キリスト教文明を豊かにする養分として共有されるところにある。

イスラムはこういうふうになってないんです。そこで外から見ると、まだ毒性を持ってる結核菌みたいな感じにみえる。知識として受け入れるのはいいんですけど、じかに付き合うのにはなかなか付き合いにくい。イスラムは**普遍主義**[※29]的だから、世界中の人びとはイスラムに改宗しムスリムになるのが幸せで、当たり前。そうなってない人びとは間違っているし気の毒だ。これが信仰の立場です。口に出さないけれどそう思われていると、相手がいくら親日的なイスラム国だったとしても、日本人は疲れちゃう。

ストリアの精神科医。著書『夢判断』『精神分析入門』

※26 レヴィ=ストロース（1908〜2009）フランスの人類学者。構造主義を唱える。著書『親族の基本構造』『神話論理』（全4巻）

※27 ヴィトゲンシュタイン（1889〜1951）オーストリア生まれの哲学者。著書『論理哲学論考』『哲学探究』

※28 チョムスキー（1928〜）アメリカの言語学者。変形生成文法を唱える。著書『文法の構造』。

※29 普遍主義 頁36を参照。

島薗　わかる気がします。

橋爪　日本人にとって望ましいのは、イスラム教のよさそうなところをバラバラにして自分たちのやり方のいろどりと言うか、トッピングになってもらうこと。トッピングがのっかる本体のほうは、真面目に勤勉に仕事や生活にいそしみつつ、四季折々のそれぞれの文化的アイテムを楽しんでいけばいいや、みたいな感覚なのです。キリスト教もばらばらにしてトッピングにして取り入れることが出来る。クリスマスやイースターみたいに、年中行事になっているから。仏教も儒教道教[※30]も、みんなトッピングになっているわけ。トッピングになるということは、本体があるということなわけですけれど、この本体に、名前が付いていていない。でもその本体はいいものだという確信があって、これは日本ローカルなものですけど、かなり強固な確信なんですね。

　ところがイスラムは、これと合わない。イスラムはトッピングに出来ない。イスラム暦は1年が365日でないので、年中行事にあたる

※30　道教
頁18を参照。

ものがないことも関係あるかもしれないが、こう直感していると思うんです。それでも何とかトッピングにできないかと、儒教道教と似てないだろうか、仏教と似てないだろうか、神道と似てないだろうか、と調べてみる。大事な点でみな、似ていないんですね。そこで今までの手が通用しないというのが、日本人の感覚なのです。その距離感は、ヒンドゥー教に対するよりもさらに遠い。

キリスト教の場合は、キリスト教徒自身がキリスト教と距離をとってくれたおかげで、一見近づきやすくみえる。法律に従い、世俗のルールに従っていればよく、これがグローバルスタンダードですね、と言える。イスラムの場合、イスラムのルールそれ自体が普遍的ということになっていて、イスラム教と無関係なグローバルスタンダードを作ってくれるわけではないので、打つ手なしという感じになる。

島薗　本体とトッピングの話はかなり重要なテーマで、日本がいつからそのように本体とトッピングを組み合わせるようになったかというのは、まず考えたいところですね。これは私の理解では、16世紀から17世紀にかけて天下が統一され、将軍権力ができる過程で、諸宗教を支配下に置く一元的武家政権というものができた。そこから諸宗教は宗門として並置され、唯一性を部分的に剝奪されたものとして扱われた。これは東アジア共通の構造ですが、日本では織田信長が**安土城**[※31]の「**天主**」[※32]に仏教や儒教の聖人たちを並べ、さらにキリシタンの**南蛮寺**[※33]をもはるかに見下ろすような権力の誇示をして以来のことです。

それが明治維新になると、今度は将軍権力に代わって天皇中心の祭祀国家理念を置いた。これが**国家神道**[※34]です。そういう秩序とイスラムというのはまったく違うともいえますが、しかし政治体制と宗教が切り離せないという特徴は共通していると思うんです。これは近代の西洋流の政教分離とは非常に異なり、逆に言うと西洋の個人主義的な宗教観とはどうしても一致できないという点では、イスラムと日本は共有するものがあると思う。キリスト教世界から生まれた宗教の概念や、政教分離原則――フランスで言う**ライシテ**[※35]――をそのまま世界へ当て

※31　**安土城**
織田信長が1576年に現在の滋賀県に築いた城。日本で初の天守閣をもつ。

※32　**天主**
天守閣のこと。

※33　**南蛮寺**
16世紀後半に日本各地に建てられたキリスト教の教会堂

※34　**国家神道**
頁34を参照。

※35　**ライシテ**
フランスで、政治と宗教、教育と宗教の分離を厳格に定めた原則。

はめることには無理があるのではないか、ということですね。

もうひとつ、西洋では住民の中に相当数のムスリムが生じていて、今後もさらに増える可能性がある。そういう問題は日本では生じていないので、お互いが遠くにいる間はそれほどストレスは感じていない。それは今後も維持されると考えられ、それほどイスラムとの関係は難しくならないのではという気がしていますが、いかがでしょうか。

ヨーロッパと日本の共通点

橋爪　イスラムと日本の距離はもっと大きいので、簡単につながり合うことは出来ない、と私は思うんです。

補助線として、ヨーロッパと日本の共通点についてのべてみたいと思います。

キリスト教は、日本の宗教ととても違うんですけど、共通点も、あえて言えばいくつかある。まずヨーロッパは、初めキリスト教ではなくて、キリスト教はあとからやって来た。それ以前には、**ケルト**[※36]の宗教（**ドルイド教**[※37]）とか、日本の神道みたいな、ローカルな民族信仰があった。でもこれらは、駆逐されてしまいました。人びとはキリスト教に改宗した。それでも細々とは伏流しているんですね。日本の場合は、初めに神道があって、あとから仏教がやって来た。仏教は、神道を駆逐するわけではなく、駆逐できないので駆逐しないという戦略をとったのです。その結果、共存している。この、もともとのローカルな宗教と普遍的な宗教とが重層しているという点が、第一の共通点。

二番目は、ヨーロッパも日本も、自然発生的な権力を承認するということです。キリスト教には、権力論がない。誰が国王（統治権者）になるかは、教会と無関係に、偶然の要因によって決まる。**ゲルマン人**[※38]は最初から部族制で、王に率いられ、部下が貴族に任じられて、それが何百年も千年も、伝統として引き継がれてきた。その統治のシステムを、ヨーロッパの人びととキリスト教会は、承認した。これが、キリスト教の伝統である。政治秩序と宗教は無関係でいい、と思って

※36　ケルト
古代ヨーロッパの中・西部に住んだ民族。その後ローマ人やゲルマン人の圧力により衰退した。

※37　ドルイド教
ガリア（ヨーロッパ西部）・イギリスなどの古代ケルト民族のあいだで行なわれた宗教。霊魂の不滅と輪廻転生を信じた。

※38　ゲルマン人
現在のドイツ北部・デンマーク・スカンジナビア南部に住んでいたインド・ヨーロッパ系の民族。

るわけです。日本の場合、神道があり仏教がやってきた。神道は、強いて言うならば、天皇が権力を持つという考え方。これは、神道のひとつの流れですけれど、そういう考え方がある。いっぽう仏教は、そういう要素はほぼ皆無で、誰が権力を持つかについてはなんの主張もない。そこで何が起こったか。日本は中国的政治システム（律令制）の真似をしたんだけれど、早々にこれは開店休業になってしまった。実際問題としては、軍事力を用いて、政治の実権を担う。武装集団である、武士ですね。この人びとが、政権をこしらえてしまう。法律上、なんの根拠もない。宗教上、なんの根拠もない。だけど現に政権を担っているのはしょうがないじゃないかということで、みんながこれに従う秩序が出来あがる。これでほぼ1000年近くやってきているわけです。

日本人は、自然に発生した政治秩序は正統だから、それに従うことは正しいと思っている。政権は、神道や仏教に根拠づけられなくていいわけです。とすれば、ヨーロッパのキリスト教徒と、やっていることは同じ。

三番目に、キリスト教と日本の仏教の共通点は、独身主義ということです。カトリック教会には聖職者がいて、結婚しない。結婚しないとどうなるかというと、結婚をする世俗の人びとの家族や親族やローカルな集団とは無関係に、人事や資源の配分を純然たる宗教の論理で随意に行なうことができるから、抽象的で超越的な組織をつくることができる。これが、ローマ・カトリック教会ですね。

なんでこんなものが支持されたかというと、私の推測ですが、兄弟ゲンカ問題の解決です。貴族はみな、地主です。地主は相続の問題があるから、兄弟が複数いるとケンカになる。土地をどんどん細分化するのでは、領主の地位を維持できない。そこで、相続人は一人に決め、生意気な男兄弟の邪魔者は、おみやげに小金を持たせて、修道院に放り込んでしまえばよいのです。教会では、出世しさえすれば、威信や権力も手に入る。という具合に、封建領主制の、安全装置みたいになっている。こういうシステムがあったと思うわけです。

プロテスタントは、独身の聖職者を認めないから、この方式は成り立たなくなった。イスラムはもともと独身主義じゃないので、こういうロジックがまったく働かない。その点では、キリスト教とイスラム教は、同じ一神教でも、異質なのですね。中国の仏教というのはいちおう独身主義だったんだけれど、儒教は独身主義ではない。読書人はみな結婚して官僚になる。世俗の活動をしながら儒教的にもふるまうみたいな、政治と宗教を合体して家族をもつ人びとが中国人の標準的なあり方であって、仏教の独身主義はマイナーで中国社会で大きな機能を果たしていない。

でもこの独身主義の仏教が日本にやって来て、荘園[※39]貴族制、それから、武家の封建領主制と組み合わさって、機能するようになった。貴族も、武士も、どちらも地主なので、潜在的な競争相手を寺院（宗教施設）に放り込んでしまうというこの方式と、とても相性がよい。宗教と統治機構の相互安定装置みたいなものになっている。この点、ヨーロッパのキリスト教世界と日本はよく似ていて、中国とは実は似て

※39　荘園
中世、貴族や社寺が領有し経営した農地。

いない。こういうふうに言えると思うのです。キリスト教と仏教は、言っている中身は全然関係ないんですけれど、社会的な効果としては似てる点がある。

島薗　興味深い意見だと思います。

橋爪　もう少し続けさせて下さい。

仏教はもともと、世俗社会と無関係な修行のサークルみたいなものとして、インドで生まれた。でもこれが、中国に伝わると、仏教を中国社会に定着させるため、国家経営になって、僧侶は国家公務員みたいになった。免税なうえ、寺院や僧侶の経費は政府が負担する。この国営仏教のシステムが、日本に輸入された。寺院の建設や僧侶の経費も、政府もちです。

でもこのシステムが、**聖武天皇**[※40]のあと機能しなくなって、政府は寺院を直接経営しなくなったから、寺院はいつのまにか荘園領主になっ

※40　聖武天皇
（701〜756）724〜749年に在位した天皇。仏教を信仰し、奈良の東大寺と大仏を建造した。

てしまった。中国のやり方とは、かなり違うものになったのです。荘園は言ってみれば、ＮＧＯでしょう。独立採算なんです。政府と無関係に活動する。政府から、免税の保護を与えられているのだから、加持祈禱のようなパフォーマンスをして、政府にサーヴィスを提供しなさい、みたいなことで存在を認められていた。キリスト教の教会が、国王に**授権**[※41]して統治権者としての正統性を認めているという関係よりは、ずっと稀薄です。けれども、両立しているという点では、似ていないことはない。

イスラム世界にはこういう、宗教と世俗の政治権力とのあいだのバーター（交換）という考え方がない。宗教の論理を体現する**カリフ**[※42]（もしくは**イマーム**[※43]）が一人、統治権者としていればよいという考え方だから、カリフがいなくなったあと、ローカルな政権があちこちに出現しても、イスラム教的にそれを正統化する論理がない。そうすると、反対者が出てくる。反対者が出てくるなら、独裁的な、専制政権にならなきゃいけない。反対者を弾圧したり暗殺したり追放したりしない

※41　**授権**
権利を付与すること、この場合は教会が国王に統治権を付与すること。

※42　**カリフ**
使徒ムハンマドの後継者。

※43　**イマーム**
スンニ派ではカリフの異称。シーア派ではムハンマドの後継者アリー及びそれに続く指導者。

と、政権がもたない。つまり、民主制になるはずがない。このような点が、キリスト教世界や日本のような話し合いを重視するやり方からすると、たいへん困った異なるカルチャーとして、野蛮に見えるんですね。

権力と結びつく宗教

島薗　いくつも重要な論点が出てきました。

橋爪さんの共著書である『ゆかいな仏教』（2013年／サンガ新書）という本に書かれていることとも関係がありますね。この本の中でも、橋爪さんは仏教は個人的な悟りの追求システムであるという捉え方をしているのですが、私はそれとは異なるもう一つの面を見たいと思うのです。つまり仏教は、おのずから王権と結びつくことによって広がるという特徴があると思います。単に個人の精神的向上を目指すグループと捉えていたのでは、どうして仏教がこんなに広がったかはわからない。それではなぜ一種現世離脱的とも言える修行システムが仏教に存在するのかというと、それは政治権力が持っている暴力システムに対するアンチテーゼであると同時に、補完システムでもある、そういう特徴を、これは仏教のみならず、救済宗教というものは一様に持っているのではないかと思うのです。

私の理解で言えば、キリスト教もイスラム教も仏教も救済宗教として捉えることができる。救済宗教とはつまり、人間そのままのあり方には大きな限界があるので、それを超える根本的な次元が、またその次元を見据えた人間の変化が必要だとする宗教ということです。そのことはすなわち、この世のシステムを相対化する次元を持つということとつながってくる。ですから、仏教を個人主義的なものと捉えると、そこがよく分からなくなってしまうというのが私の理解です。

仏教の社会性を捉える鍵となる言葉に、正法というものがあります。つまり、仏教は正法——仏の正しい教え——を世に広めるという理論を初めから持っている。正しいダルマ（真理）を広めるためには、正しいサンガ（出家者の共同体）が必要になり、王権俗権がこれを守る。これが基本的な仏教の社会の関わりのあり方だということです。ですから戒律を守るのも個人の修行のためというより、社会秩序の模範という側面がある。こういうことは近代的な仏教理解では大抵抜け落ちているのですが、日本では仏教が諸宗派に分かれながらも、その主流には常に統一サンガを求めて正法国家を求めるという理念が生き続けているというふうに私は理解しています。国家と仏教の関係にはそういう側面もあるので、さっき橋爪さんはそこを見極めるためにキリスト教圏と日本の共通点を3つ挙げてくださったのだと思います。

橋爪　はい。

島薗　日本とヨーロッパの共通点を見た場合に、政治と宗教の関係を考えると、政治権力から一定の独立性を保った宗教集団があり、これが政治秩序と補完関係、あるいは対抗関係を持つというあり方が、ヨーロッパでは非常にはっきりしていた。それはローマ時代からそうだったのですが、これは仏教にも同じような構造がある。

それからイスラムについて言うと、これは日本初のコーラン原典訳を刊行したイスラム学者の**井筒俊彦**[※44]先生のコーランについての理解でも、ムハンマドの人生の時期によって、政治権力に非常に近づいた時期と遠ざかった時期では、ずいぶん内容が違うということが出てきます。それはその後の多数派のスンニ派と少数派の**シーア派**[※45]の対立にも受け継がれるようなところがあって、シーア派の場合は権力に対する挫折というモチベーションが入ってくるということです。ですからそういう意味では、イスラムの中にも必ずしも宗教と政治の補完関係という構図がないとはいえない。

橋爪さんの見解の中には、イスラムの民主制への未来に対して悲観的な意見もありましたが、最大のイスラム教国家であるインドネシアは諸宗教の併存を基本としていますし、ムスリム人口の多いインドはもちろんそうですね。エジプトにも**コプト教**[※46]徒が15％くらいいますし、

※44　**井筒俊彦**
頁79を参照。

※45　**シーア派**
頁79を参照。

※46　**コプト教**
エジプトで独自の教義を発展させた東方教会系のキリスト教の一派。

イスラムがマイノリティの国も多々ある。イスラム教圏で多元的な共存が経験されていないわけではないので、あまり悲観的になりすぎることには問題があると思うのですが、いかがでしょう。

宗教と政治的国家の関係

橋爪　仏教が個人主義的であるのは、物理学でいえばニュートン[※47]の質点の力学みたいな、いちばん最初の根本原理だから、そこはそれでいいんだと、私は思います。これを展開していると大変なので、今回はやめておきます。

島薗　はい。

橋爪　宗教集団と政治的国家との関係について、復習してみます。宗教集団も現実に存在する。政治的国家も現実に存在する。ならば、

※47　ニュートン
頁78を参照。

そのあいだに共存関係が生まれてくるのは自然で、当たり前です。けれども、どういう共存関係が生まれてくるかという点で、異なったパターンがある。

政治的国家は何をするか。法律を作って、それを守るように人びとに言い、それを守らない人が出てきたら、最終的には殺害します。人を殺して血を流し、それでもいいと主張するのが政治的国家です。これを是認するかどうかが、宗教によって異なる。

ユダヤ教、キリスト教は、これを是認します。聖書のあちこちにそのことが書いてあるけれど、たとえば、創世記。**カイン**[※48]とアベルの兄弟が争って、兄のカインが弟のアベルを殺害した。血が流されて、その血が復讐の叫びをあげると、**ヤハウェ**[※49]がそれにこたえて、カインを追及します。まず、事実関係を確認する。カインはしらばっくれたので、それを厳しく咎めます。そして刑を科すのだが、追放刑です。事実上の死刑だけれど、直接に手を下して命を奪いはしない。カインは、これほどの刑罰は厳しいのでとても耐えられませんと嘆願すると、ヤ

※48 **カイン**
旧約聖書創世記に登場する、アダムとイブの最初の息子。

※49 **ヤハウェ**
旧約聖書における神の呼び方。エホバ。

ハウェは額に印を付けて、お前に危害を加えた者には、私が7倍の復讐をしてやる、と約束する。7倍の復讐ってとても過大な復讐で、ふつうは等倍の復讐で、それでも抑止効果がある。だから7倍とは、カインをとても保護しているという意味になる。こういう話があって、殺人は糾弾され処罰されなければならない、流された血は命で償わなければならない、という原則が示される。これが旧約聖書に書かれている、宗教的命令です。

新約聖書では、「ローマ人への手紙」[※50]13章に、地上の権威についての説明がある。お前たちは地上の権威（統治者）に従うべきである。彼は悪人を懲らしめるために剣を帯びている。正しく行動していれば、彼の剣を恐れることはない。地上の権威はすべて、神が立てたものである。ということはつまり、国王に剣を与えたのは神だ、と書いてある。法律を施行して犯罪者を処罰するのは、教会からみても正しい、というのがキリスト教の見解です。

こうであれば世俗の国家は、キリスト教の信仰を持っている人びと

※50 「ローマ人への手紙」使徒パウロが著した書簡のひとつ。

のあいだで存在できる。キリスト教の重要な特徴は、「およそ地上の権威」と言っている点で、国王がキリスト教の信徒であることを条件にしていない。どんな政治権力であってもかまわない。いつのまにか出現した政治権力が、本当に正統な権力なのか、と考えなくていいんです。これはさきほど述べた、自然に成立した権力を認める、という話なんです。

イスラムは、途中まで同じです。復讐法もあり、法の追及もあるから、イスラムにも死刑はいっぱいあります。それを執行するのは政治権力です。けれども「すべての権威は神が立てたものである」、という考え方がない。ムハンマドが「最後で最大の預言者」で事実上の地上の統治者です。ただ、ムハンマドが死んだあとどうなるか、**クルアーン**[※51]には書いてない。そうすると現実問題、合議やらいろんないきさつやらで、カリフ（使徒ムハンマドの後継者）が選ばれて、暗殺されたりいろいろして、その後しばらく世襲で王制みたいになったんだけど、それも途切れてしまい、いまやカリフは存在しない。

※51 クルアーン
98頁「コーラン」を参照。

そうすると、どういう統治権力があるべきか。イスラム法やイスラム哲学からは正当化できない。でも、存在すべきでないとも言えない。統治権力と信仰の体系は共存しているけれど、両者の連携がはっきりしない。これは、キリスト教との違いだと、私は思う。

島薗　なるほど。

橋爪　仏教の場合、たしかに王権によって保護されて広まったりしたんですけれど、それはまあ、王様の都合です。

仏教には、殺生戒がある。殺生戒は、どんな理由があっても、血を流してはいけないというルールです。動物の血もそうですが、特に、殺人がいけない。出家修行者は、これを厳格に守り、もしこれを犯せば、出家修行者の集団（サンガ）から追放されてしまう。

出家者でなくたって、在家の人びともかなり厳しく、このルールを守るように言われる。人間を殺しちゃもちろんダメですけれど、動物を殺さざるをえない立場（職業）の人びとがいて、そうすると宗教的な差別偏見の対象になる。これは、仏教に始まるのでなく、**バラモン教**[※52]・ヒンドゥー教の考え方なのではあるのですけれど。

さて、では、職業的に人を殺す立場の人びと、たとえば軍人とか死刑執行人とかいった人びとの場合、どうなるか。これを正当化するのは、仏教では難しい。なんとか正当化できそうなのはどういう場合かというと、放っておけば100万人の人びとが死にそうだったところ、偉い王様がうまく戦争をして、1000人ぐらいの人びとが死んだだけで平和を実現した。だからまあいいや、みたいな考え方ですね。でも、全部のケースをこれで正当化できるか。この考え方は、政治的便宜主義というか、結果オーライじゃないですか。でも殺生戒というのは、結果がよければ人間を一人、二人殺しても差し支えないというんじゃなくて、どんな理由や事情があっても殺しちゃいけない。そのために自分が死んでもやむを得ない、という考え方です。ここからは、仏教の宗教集団が、政治団体を正当化するという論理は出てこない。

※52　バラモン教
ヒンドゥー教の前身である古代インドの宗教。カースト制度を確立した。

だけど政治団体のほうから、仏教徒の集団が使い道があった場合、利用するという場合はある。実際に起こっているのは、全部これです。これが私の理解なのです。

世界宗教は個人主義的である

島薗　これは私とはだいぶ理解が違いますね。たとえばキリスト教が「カエサルのものはカエサルに」[※53]という言葉にあるように、どんな政治的権力をも認めるということは、翻って言えばその正当性は非常に弱い。つまり地上のものとして認めてはいるけれども、それに本来的に価値があるとは認めていないわけで、それに対する批判も当然できる。だからキリストの再臨によって平和の王国が実現すると主張する千年王国[※54]運動みたいなものが、しょっちゅう起こってくるわけですね。これを遡るとユダヤ教の預言者たちが時の政権の正当性を問うていた姿勢とつながってくるわけで、つまり政治権力とは独立した思想シス

※53　**カエサルのものはカエサルに**
新約聖書「マタイによる福音書」にあるイエス・キリストの言葉。

※54　**千年王国**
やがてキリストが再臨して地上に千年王国が建設され、そのあと最後の審判が訪れるとする考え方。

テムは、キリスト教にもイスラム教にも存在するというのが私の考えです。

ですから、いま世界宗教といわれているものは、程度の違いはあれ個人主義的な特徴を持っており、だからこそ政治的な版図を超えて広がる特徴を持っています。そしてそれが広がることで王権は大きな影響を受けるのであって、王権にとっては宗教の存在は基本的な存在条件に関わってくる。

それは仏教においても同様です。さっき橋爪さんがおっしゃった理論は、私から見ると非常に近代主義的な仏教の理解のように思えます。そもそも出家者が成立するには在家の支持がなくてはならないわけですが、そのことが既存の仏教論では見えてない。そして王権の成立期には仏教が王権の精神的秩序を支えるという観点がないと、大いに仏教を見誤ると私は考えています。なぜ殺生戒というものが必要かというと、それは王権は人を殺すから、その悪を償うような精神的秩序というものを仏教に求めているわけで、これは仏教に批判者としての意味を求めながら、実は補完関係にあると、そういうことですね。

　これがよくわかるのがアショーカ王[※55]の話です。アショーカ王はたくさんの人を殺しましたが、そのことを悔いて仏教のダルマに帰した。人を殺して、そのことを悔いる王様です。これは西洋における、単に軍事力を持っているから国を統治しているけれども、それだけでは正統性がないのでキリスト教に支えを求める王様というのと同じような関係性です。しかしこれを宗教の側から見れば、自分たちの宗教集団がマイノリティの集団であることを超えて、社会全体に影響を及ぼすという意義を持っているわけです。ですから人類史上長期にわたって世界宗教というものが存在してきたということは、そもそも宗教が王権あるいは政治体制と一定の距離を持つという論点を組み入れて見ていかないと理解できないと思いますが、いかがでしょうか。

　そういう面から見ると、橋爪さんが述べてきたイスラム教とキリスト教と仏教の違いというものはその多様な表れであって、個々の宗教がまったく違う部類のものだとは見なくていいのではないかと思いま

※55　アショーカ王
頁79を参照。

す。私から見れば、それは救済宗教と国家の緊張関係、あるいは補完関係ということで、共通の軸を持っているように思えます。

その場合、儒教は救済宗教の枠には入らないので、初めから国家体制と結びついて、その社会の精神的文化を作っているタイプの宗教だった。そして日本の政治的神道、つまり国家儀礼と結びついた側面での神道は儒教的なものの日本版として成立してきたという特徴を持っていると私は考えています。先ほど橋爪さんのお話で神道が仏教が入ってくる前から日本にあったかどうかという話がありましたが、これに関しては日本史の研究家は大体否定的に捉えていて、**津田左右吉**[※56]なども神道というのはわりと後の時代に成立したものだと述べていた。それが果たしていつなのかという議論はいろいろありますが、沖縄にもある民俗宗教の源流を神道とよべばそれは古いことになりますが、システムとして整備された神道は日本にもともとあったものだというよりは、仏教や儒教の影響を受けて成立してきたものだと捉えるのがいいのでは、というのが私の考えです。

※56 **津田左右吉**（1873〜1961）歴史学者。著書『古事記及日本書紀の研究』。

4

宗教としての国家神道と天皇の神聖性

日本は中国と何が違っていたのか

橋爪　さて日本は、アジアの一国。場所がここにあるのは、どうしようもない。というわけで、中国は隣国、インドはその先、イスラムはもっと先、ヨーロッパはほとんど関係ない、という状態で、1000年以上やってきた。

大航海時代[※1]になると、そういう順序はあまり意味がなくなって、ヨーロッパがすぐ目の前に現れる経験をした。そこで慌てて、ドアを閉じた。いよいよそうもいかなくなったというのが、日本の近代の出発点ですね。

そこで、中国文明の影響を受けていることと、ヨーロッパ文明とどう付き合っていくかとを、整理しなくちゃならなくなったと思うんで

※1　**大航海時代**
15世紀から17世紀前半にかけて、ヨーロッパ人が新航路や新大陸を発見し、活発な植民活動をした時代。

す。

中国は、日本より大きい国なんです。そこで、日本はずっと、中国をお手本にしてきた。中国には自前の儒教があり道教[※2]があり、インド由来の仏教もあり、かすかにイスラムもあり、いろんなものがあった。しかも中国は、日本に積極的な関心を持ったことなどなかったから、日本は落ち着いて取捨選択をし、いいとこ取りをするというスタンスになった。日本が考えたことは、もともと神道[※3]があったはずのところに、まったく異質な仏教がやって来たので、どうするか。すなわち、神と仏の関係。それから、朝鮮半島情勢をめぐって**中国朝鮮の正規軍と全面戦争になるかもしれなくなった**[※4]ので、ローカルな土着の政権を、効率的で強力な政府に組織し、強力な軍隊と指揮系統を構築しなきゃいけなくなった。それには、中国化するのが一番手っとり早いと、中国のシステムを取り入れた。取り入れたら、戦争の危険が遠のいてしまい、たちまちやる気がなくなった。せっかくの中国のシステムがこのあと、空洞化・土着化への道をたどるわけです。

※2　**道教**
頁18を参照。

※3　**神道**
頁29を参照。

※4　**中国朝鮮の正規軍と全面戦争になるかもしれなくなった**
663年の白村江の戦いで、日本・百済連合軍が唐・新羅連合軍と戦って破れ、百済は滅亡、日本は国防の強化を迫られた。

日本はどこまで中国のシステムを本格的に取り入れたのか。漢字は取り入れ、仏典もそれなりに勉強したんですけれど、そこから先は、本気とは言えない。日本流でよいではないかと、ローカライズしていった。ローカライズの時期が長かったのは、日本という文化伝統が期せずして形成されていったということでもあるわけです。

ここでいちばん大きな働きをしたのは、文学だった。歌とか物語とか、漢字そのものではない文字で書かれたカルチャーが成立して、これは中国で流行っているものとちょっと違うんですね。それを100年近くやっていると、独自の感受性が出来上がるわけです。外部の影響から切り離されたこうしたガラパゴス状態はある意味、ナショナリズムの培地となる言語文化を知らないうちに日本人のあいだに行き渡らせる効果があったと思うのですね。知識人はさらにいろいろな意匠をつけ加えて、朱子学[※5]がどうだとか、国学[※6]や蘭学[※7]がどうだとか理屈をつけるわけですけれど、その基礎になるメンタリティは、知識人だけじゃなくて多くの大衆にも共有されていたと思います。

※5　朱子学　頁44を参照。

※6　国学　頁41を参照。

※7　蘭学　頁44を参照。

これが中国には、あまりなかった。中国は大きすぎるうえ、特に清朝[※8]になって異民族に征服されてしまったということがあって、アイデンティティがかなりバキバキに折れている。儒教で持ちこたえたのですが、儒教というものは、ナショナリズムとずいぶん異なる。中国的やり方なんですけれど、中国は、ネーションとは言いにくい、帝国のようなものだったわけだから、それをナショナリズムに組み替えるのにとても時間がかかった。国民党[※9]が出てきて、共産党が出てきて。共産党もユニバーサリズムで、ナショナリズムではない。国際共産主義（インターナショナリズム）ですから。そこから土着化するのに毛沢東[※10]が出てきて、中国共産党という独自な存在になっても、まだ副作用が継続している。

日本はこういうことを、ほとんど悩まなくてすんでいる。この点、日本は幸運だと思うのです。

※8　清朝になって異民族に征服されてしまった
1616年から1912年の中国の王朝である清は、満州族が漢民族を統治した征服王朝だった。

※9　国民党
頁54を参照。

※10　毛沢東
（1893〜1976）中国の革命家・指導者。

国家神道は実はまだ続いている

島薗 そうですね。ネーションステート(国民国家)こそ近代の政治秩序の基礎であるという考え方に立つと、日本は早くから西洋と同じようなネーションステートを形成できたということになるでしょう。ですが、そもそもネーションステートを通過することが人類の未来であるかというと、今やそうは見ることができなくなってきている。たとえば多様な民族が共存する中国は始めからインターナショナルかつグローバル志向の帝国です。中国は多様な民族が共存している社会ですから。ロシアもそういう面があるでしょうし、今無理矢理国に分けているアフリカなどは、そもそもネーションステートとしての実態がない。今後の世界の政治秩序を考えると、ネーションステートをモデルとすることが当然とはいえない社会になっている。また、ネーションステートというものはしばしば植民地主義とも結びついてきたわけで、日本がそれに近いものを形成できたということは、メリットであると同時に、そこに含まれた負の側面もある。それを、きちんと見なければいけないのではないか。

そして革命について言えば、これは今でも日本ではいい意味をもって捉えられていない。中国では王朝が交代するたびに革命が起こっていたわけですが、日本では革命が否定されていて、維新がいい意味を持っている。日本の「国体」は和を掲げ、革命がないからこそすぐれているということで、その国体を発揚するために武人が行動して維新を起こすというモデルがあるわけです。

先ほど橋爪さんがおっしゃった、平仮名文化が大きな力を持っていたというのはある程度はその通りだと思いますが、同時に日本では将軍権力が新たな統一国家を形成したということが、近代化に向けて大きな意味を持っている。それは中国風の文人官僚とは異なり、実際的な政治的な統合を重んじる、武士の官僚制を作っていきます。それが、やがては明治維新につながっていく。

明治維新に向かう時期にまず掲げられたものが尊皇攘夷であり、それはやがて尊皇開国になった。この尊皇ということが大きな問題で、これは私の考えでは国家神道[※11]とつながっている。要するに、欧米においてキリスト教世界の中にネーションが多数存在しているのとはだいぶ違うニュアンスになっている。自分たちこそが唯一神聖だという「国体」観を持っているわけですね。それは中国の華夷思想[※12]を裏返して日本版にしたようなもので、これが超国家主義につながっていく。表面的には欧米風の立憲主義を取って多様な信条の併存を掲げながら、一方では祭政一致[※13]を掲げていました。祭政一致ということは、1945年まで一度も否定されていない。明治維新のときに成立したものが、そのまま受け継がれ、拡充されて、敗戦に至っている。

天皇が頭脳となり、軍隊は働く手足となり一体だという軍人勅諭[※14]や、尊皇を国民の隅々まで教える教育勅語[※15]を作り、戦死すると尊皇の死者を神と祀る靖国神社[※16]に祀られるという神聖国家になった日本の近代ナショナリズムは、欧米風のそれとは違うのですね。

日本の近代国家は、神聖な天皇を頂く神道国家という特徴を持って

※11　**国家神道**
頁34を参照。

※12　**華夷思想**
中国は世界でもっとも文化が優れた中央（中華）の場であり、周辺の諸国を文化の遅れた地であるとする立場。

※13　**祭政一致**
神を祭る祭祀と政治が一致する体制。

※14　**軍人勅諭**
1882年に明治天皇から軍人に与えられた勅諭。

※15　**教育勅語**
明治天皇の名で国民道徳・国民教育の理念を明示した勅語。1890年に発布された。

※16　**靖国神社**
頁66を参照。

いた。これは1945年にGHQの指令で解体されたことになっていますが、実はその指令の主眼はアメリカ風の国家と教会の分離でした。つまり国家と神社の特別な関係を切り離して一般の宗教団体と同じものにしたということですが、皇室神道と結びついた天皇崇敬については天皇の**人間宣言**[※17]で済ませてしまった。制度的に実効性の薄い措置しか取っていないわけです。戦後は大日本帝国憲法下よりずっと立憲民主主義のほうへ向かいましたが、皇室の神聖性は残され続けた。したがって、今でも天皇の神聖性を柱にした「美しい日本」という理念は、強力な政治的ビジョンとして生き続けている。「美しい日本」は**国体論**[※18]の焼き直しという理解が必要だと思います。

日本が明治維新でたどった道は、成功でもあり失敗でもありました。失敗というのは、全体主義に向かう要素を掲げたことです。その根本をたどると、天皇に忠誠を誓い、命を捧げるという尊皇思想です。それが勅諭・勅語を通して立憲政治の枠を超えて機能する。これが精神主義的な戦争観をもたらし、軍部の独走につながったわけです。

※17　**人間宣言**
1946年1月1日の昭和天皇の詔書の通称。天皇が現人神であることを否定した。

※18　**国体論**
頁29を参照。

この宗教的な天皇崇敬の要素が現行の日本国憲法体制の下にも存在するということは、ほとんど認識されていません。明治維新のときに抱えていた弱点が原因で立憲政治が崩れ、戦争に失敗したから、それを日本国憲法で是正したという経緯が自覚的に再構成され捉えられていない。これが現代日本の大きな問題点です。

その中で信教の自由はある程度強く唱えられていて、靖国神社についても公的機能を持つ方向への展開が批判されてきました。現在でも首相が靖国参拝をすると、仏教系の宗教団体などは批判的な声明を出す。これは天皇中心の国家を作ることで信教の自由のひどい抑圧があった経験から来ていて、それは創価学会[※19]などでも同様です。現在の日本の政治の中で、それは一定の歯止めの役割を持っているのではないでしょうか。日本において封建時代に多元化した諸宗教が一定程度、国家神道との間に緊張関係を持っていて、国家神道では取り扱わない人間の生き方の問題に向き合ってきました。

※19　創価学会
1930年牧口常三郎と戸田城聖が創立。43年に弾圧を受けたが、戦後、再建。51年、戸田が会長となり以後急速に発展。60年、池田大作が会長となった。戦前は創価教育学会。

変容していく〝天皇制〟の役割

橋爪　なるほど。

論点が多岐にわたっているので、焦点を絞って議論します。

まず、天皇という存在について。天皇は、日本の国家形成に重要な役割を担っているんだけれど、これはどういうものなのか。

天皇というものが考えられた一番の理由は、中国対策です。中国には、皇帝がいる。中国の考え方では、皇帝は天下に一人しかいてはいけない。日本には何がいるかというと、王がいる。中国の皇帝が、周辺のローカルな統治権力を承認した場合に、そのトップが王になる。中国から見れば天皇は、王なのです。朝鮮にも王がいるけれど、同じ理屈です。

このシステムでいいのだろうかと考えて、日本人は、このシステムに乗らないことにした。だから日本の統治権力のトップは、王ではない。じゃあ、皇帝か。皇帝というとケンカになってしまうわけです。

戦争ですね。戦争まではする気がないし、避けたい。そこで、「王以上で、皇帝未満」という存在を発明して、天皇ということにしたわけです。いつ誰が考えたかわからないけれど、これは日本に定着した。中国人にこれを認めさせることができるかどうかは、いちおう二の次。正面から話を持って行けば、認めないに決まっている。そこで天皇を自称して、日本国内の公文書では、天皇と書くことになった。そして、年号を決めるとか、政府の儀式を行なうとか、中国の皇帝であるかのようなふるまいをいろいろしている。

さて祭祀権というものがあって、中国の皇帝は、天を祀ります。天は、皇帝の祖先ではない。中国人は誰でも祖先を祀りますから、皇帝も祖先を祀る。一般の庶民も祖先を祀る。皇帝は、天とは別に、祖先を祀ります。祖先を祀るのは、すべての中国人の権利であり、また義務である。いっぽう天は、人間と血縁関係がない。天を祀るという行為は、皇帝の特権であって、ほかの誰にも許されない。天を祀っているからには、その人は、皇帝であって、天命を受けている。天と特別な関係がある、正統な統治権者である。こういう論理で、これみよがしに儀式を行なうのです。これが、儒教のそなえる、祭政一致の構造なのですね。

天皇の場合はどうか。天皇は、天を祀らず、祖先を祀る。これも祭政一致の構造をそなえているのだけれども、皇帝と同じではない。天皇の場合、祖先を祀ることがなぜ、政権の正統性の証明になるかと言えば、天皇の祖先を遡っていくと、初代の**神武天皇**[※20]になり、さらに遡ると神々になり、**アマテラス**[※21]になる。アマテラスは、神々の**パンテオン**[※22]の中心にいることになっている神で、もともと中心だったかどうかよくわからないのだけれど、**大和朝廷**[※23]に伝わる伝承をまとめた文書によれば、神々を束ねるキーパーソン。でも、文書だけでは心配なので、**伊勢神宮**[※24]という神社を造って、それが日本の中心であるみたいな流れをこしらえた。こうして、祖先としての神アマテラスを祀るパフォーマンスを演じ続けている限り、神が永続するように、神の子孫である天皇の系譜も永続するだろう。天皇の権威に挑むチャレンジャーが出

※20　**神武天皇**
初の天皇。日向から東征して大和を平定したとされる。

※21　**アマテラス**
天照大神（あまてらすおおみかみ）。皇室の祖先で太陽を神格化した神。

※22　**パンテオン**
古代ギリシア・ローマの神々を祀った神殿。

※23　**大和朝廷**
大和地方に成立した天皇の政府。

※24　**伊勢神宮**
三重県伊勢市にある神社で天照大神を祀る内宮と豊受大神を祀る外宮の総称。

てきても対抗できる。天と皇帝は、血縁の関係にないから、天は皇帝を取り替えることができる。神と天皇は血縁の関係だから、天皇をおいそれと取り替えることはできない。これは大変うまい仕組みで、誰が考えたのかわからないけれど、日本の歴史を規定する骨格になったと思います。

これに正面から異を唱えた政治権力者って存在しないんですね。平将門が、奇妙な称号（新皇）を自称したことがあるが討伐されてしまった。頼朝が征夷大将軍になったのは、令外官だけれど天皇に任命されるという形式をとっていて、天皇もその権威を承認はしている。室町幕府や江戸幕府も同じですね。秀吉は**関白**[※25]で、これは平安朝の伝統的な官職です。信長だけは、よくわからないです。信長が何を考えていたかわからないんだけれど、何か大それたことを実行する前に殺されてしまったから、永遠の謎です。

ということで、日本の歴史で、天皇の権威に真正面からチャレンジした政治権力者は存在しない。チャンスは多々あったと思う。でもこ

※25　関白
天皇を補佐し政務を行なう役職。令外官。

れが、日本の政治文化の伝統になった。これを再発見して価値づけたのが、江戸時代の朱子学とか、非朱子学系の儒学とか、国学や蘭学だと思う。これらの合わせ技で、さまざまな知識人の総意として、ネーションステートを欧米列強に匹敵するかたちでつくろうとしたら、主権者はやっぱり天皇しかない、という合意になった。

この時点で、天皇の存在は、対中国問題のためのものから、対欧米列強の、西欧文明問題のためのものに、切り換わったのです。同じ持ち駒の、役割が変わった。結果的に、これが日本の近代化をスムースに進めた。

ただ、天皇をそんなふうに使うと、副作用があるかもしれない。それは、島薗先生のお話の通りなんです。副作用はもちろんある。でも正作用（ポジティヴな面）をまず、きっちり押さえるべきです。急場で独立を貫き、国民を動員し、税金を集め、法律を作り、社会制度を整え、軍隊までそなえて国家の安全を確保するって、こんなことは短期間になかなか出来ません。大成功を収めたと言っていいのではないか。非常に幸運だった。そのポジティヴな面を認めたうえで、政府にはいろいろ問題点もあったと言えるのだけれど、正作用→副作用、の順序を間違えてはいけない。

天皇制の副作用とは何か

島薗　（2010年にNHK放送文化研究所が発表した「平成の皇室観」によると）**象徴天皇制**[※26]に対しては国民の80％以上が支持していますし、政治秩序の基盤になるという面もありますから、ポジティヴな機能を見るべきというのはその通りです。私は別に、天皇制の解体などということを言っているわけではありません。ただ私が思うには、維新の理念に潜んでいる神聖国家観がもつ難点が忘れられがちだということです。正の側面が強調されるあまりに、副作用の面に対する反省がやや軽んじられているのではないかと。私が言いたいのは、明治期に形成されたものと昭和期に暴走した体制のあり方はつながっており、そ

※26　象徴天皇制
天皇を日本国と国民統合の象徴とする体制。

の連関を明確にしておかないと足元をすくわれる、ということです。

そのひとつは、天皇という中心と国民の関係を君臣関係として規定したことです。要するに、武士の主従関係になぞらえる形で、天皇と国民の関係を捉え、自らの命をなげうってでも天皇のために尽くすという考えを各方面に埋め込んでいった。そのことの宗教的な背景や、それがもつ攻撃性が反省されていない。そして立憲政治の裏道を作ったという政治装置のあり方の何が問題かが、あまり自覚されていないのです。教育勅語では、これによって国民に天皇への忠誠を第一義とする教えを叩き込んだ。そして軍隊は立憲政治の裏に太い道を作るべく、天皇直属とした。[※27]**久野収**と[※28]**鶴見俊輔**の共著で1956年に出た[※29]**『現代日本の思想―その五つの渦』**（岩波新書）という本がありますが、その中で久野が言っているように（「日本の超国家主義」）、民衆は天皇中心の国家という顕教（表に現れた教え）によって教育され、エリートは西洋の[※30]**立憲君主制**という密教（隠された教え）で社会体制を作ろうとする。そして顕教で教育された民衆が軍を支えて、密教で教育

※27 **久野収**（1910〜1999）哲学者・評論家。著書『憲法の論理』

※28 **鶴見俊輔**（1922〜2015）哲学者・評論家。プラグマティズムを日本に紹介。戦後リベラル派の代表的知識人。著書『戦時期日本の精神史』など。

※29 **『現代日本の思想―その五つの渦』（久野収・鶴見俊輔・岩波新書・1956年）** 白樺派、日本共産党、生活綴り方運動、昭和維新、戦後の世相の5つを考察している。

※30 **立憲君主制** 頁64を参照。

されたエリート中心の政治体制を解体してしまう。こうした下からの変革としても、天皇崇敬で一丸となるファシズム[※31]体制あるいは軍国主義を見ることもできるわけです。武士主導の上からの変革である明治維新は、天皇を掲げる下からの変革の始まりでもある。天皇と一体の民衆・軍隊の像が、いまだに日本では理想として消えていないのは、非常に危うい。多様な思想信条を持つ人が共存していく体制としての、立憲主義を脅かす要素になっていると感じます。

自由と民主主義はいつから機能したか

橋爪　教育勅語や軍部の統帥権[※32]の話が出ました。ご指摘はその通りですね。

なぜ日本の近代が、さまざまな制度や法律や部品装置を残らず輸入して、適切に運用しながら、全体として誤って作動してしまったのか。よく軍国主義とかファシズムとか言うけれど、その実態は、軍国主義

※31　ファシズム
イタリアのファシスト党が繰り広げた社会運動。そこから広げて、一般に立憲政治・議会政治を否定し、市民的・政治的自由が極度に抑圧され、対外攻撃的な体制を指す。

※32　統帥権
頁70を参照。

でもファシズムでもないのです。

まず、軍国主義か。軍国主義というのは、軍事を第一に考えて、勝てるときに戦争し、勝てないときには戦争しない。絶対に戦争しない。これが軍国主義というものなのですが、日本は勝てないとわかっていたのに戦争したのだから、軍国主義ではない。**ビスマルク**[※33]のようなやり方を、軍国主義というのがよいと思います。

では、ファシズムか。ファシズムとか、**ナチズム**[※34]とかいうものは、独裁体制であって、全権を握った権力者が、法律を制定して、合法的に人びとを動かしていくシステムです。日本の場合、それに匹敵する実態がまるでない。ナチスや共産党のような、独裁者をいただき国家を超越する権力組織がなにもない。**大政翼賛会**[※35]は、ファシズムを真似したけれども、かたちだけ。軍部の暴走というけれど、軍は官僚組織だから、官僚組織の暴走なんですね。官僚が勝手なことをやっているというのなら、戦前もそうだけれど、戦後も似たようなものである。でもこれは、暴走であって、独裁ではない。

※33 **ビスマルク**
（1815～1898）プロイセン首相として普墺戦争・普仏戦争に勝利して1871年ドイツ帝国を成立させた。

※34 **ナチズム**
ナチスの政治思想。全体主義。

※35 **大政翼賛会**
戦時下の日本の国民統制組織。1940年第二次近衛内閣の下で新体制運動を推進するために結成。既存政党は解散してこれに応じた。

何がまずかったか、どこに原因があったか、ということについて、国家神道の内実も、少し考えないといけない。

国家神道の特徴は、最高の祭司で、宗教的権威を持っている存在が天皇で、日本国のなかにそれにチャレンジ出来る権威は一切存在しないというシステムだということ。

これを、たとえばアメリカと比べてみると、アメリカにはたくさんの教会がある。それぞれの教会はナショナルセンターを持っているが、各教会はおおむね独立性が高く、牧師がいるとしても、信徒はいつも信仰をめぐって議論している。その信徒の集合体である教会は、信仰を指導する権威を持っていて、その権威は大統領といえども一本も指を触れることができない。そういう意味で教会は、国家から自立している。反対に国家は、教会から自立している。国家は世俗の団体であって、宗教的な目的は一切持っていないんです。そして、どう行動するかは、選挙や議会の討論や最高裁判所の判断や、そういう決められた手続きの中でコントロールされていて、特定の個人の恣意がこのメカニズムのなかに入り込まないよう、慎重に制度がつくられている。個人の恣意が入り込むように見えるときも、いっぱいあります。**マッカーシズム**[※36]とか。だけど、現存する政治制度の中で、アメリカの制度はいちばん信頼できる。つまり、作動のメカニズムが十分予測可能で、透明性が高い。二度の世界大戦を勝利に導き、**冷戦**[※37]で**共産主義**[※38]をはねのけ、時に応じて自由と民主主義を守り抜いてきたという信頼を得ている。

自由と民主主義とは、あくまでも世俗の概念、世俗の価値なのであって、宗教的な概念、宗教的な価値ではないんですね。ただし宗教と、無関係ではない。宗教をベースにしてそこから出てきてはいるんですが、普遍的な理念として、キリスト教圏にも非キリスト教圏にも、もちろん日本も、当てはまるように提案されている。

日本人は、自由とか民主主義とか言われて、理解できると思った。もともと日本の伝統に、自由も民主主義もあるではないか。そこで、宗教的な色合い抜きに、自分たちもコミットできるというふうに理解

※36　**マッカーシズム**
冷戦下の1950年から54年にかけて、アメリカの上院議員ジョセフ・マッカーシーが中心となって、共産主義者を摘発した「赤狩り」とも呼ばれる反共運動。

※37　**冷戦**
頁21を参照。

※38　**共産主義**
頁21を参照。

した。もっとも戦前は、限定的にしかコミットできなかった。自由も民主主義も、旧憲法のなかにもちろんそのアイデアが書き込まれてはいます。でも天皇の権威という、制約が置かれていた。戦後はそれがなくなって、もっとストレートに自由と民主主義にコミットできているると、日本人は自覚するようになった。

この、自由とか民主主義、さらにその前提となる、法の支配という考え方が、戦前の日本では十分に機能しなかった。その根本的な理由を考えていくと、憲法、そして天皇の権威に行き着く。法の支配の根源は憲法なんですが、その憲法が、人びとの人権をもとに自分たちの手で結ばれたという構成をとっていない。憲法は、人びとの利益のために、天皇が下付したという構成をとっている。下付したあとで天皇は、憲法の秩序に服す国家機関になった。**天皇機関説**[※39]ですね。明治憲法の考え方からは、天皇機関説以外にありえない。天皇機関説、天皇が国家機関であるという考えは、さっき述べた天皇についての日本の伝統とだいぶ違うわけです。天皇は大祭司であり、すべての神々を祀

※39　**天皇機関説**
天皇は法人としての国家の一機関であるとする学説。美濃部達吉は、天皇機関説を唱えたとして、軍部・右翼から批判を浴びた。

る神道儀礼の主宰者としての権威を持っていて、だからこそ明治維新をなしとげ、主権者ということになっている。けれども明治憲法のいうところを文字通りに受け取れば、天皇はヨーロッパ的君主としての主権者になってしまって、それにそぐわない。そこで明治憲法を作った人びとは非常に心配して、島薗先生が述べられた抜け道をいっぱいこしらえておいたわけです。それは、議会が民衆に乗っ取られ、**自由主義**[※40]者や民主主義者が国家を勝手に動かして、官僚の邪魔をすると心配したから。官僚制が、議会の影響を受けないように。官僚制には、**内務省**[※41]以下の中央官庁も入るし、軍隊も入るんだけど、官僚制のほうが先にあって、議会や憲法はあとから出来たわけです。官僚制が既得権を守るために、天皇という防波堤を作ったわけです。それが、統帥権とか教育勅語とか軍人勅諭とかいうものです。その本質は、官僚と議会の争いなんです。官僚と議会とどちらが、日本近代化の主導権を握るかという問題でしたけれど、議会は主導権を握ることが出来なかった。

※40　**自由主義**
頁21を参照。

※41　**内務省**
1873年の設置で、警察・地方行政・選挙などを管轄した官庁。

戦後は、これを反省して、天皇の実質的な機能をなくすことになった。議会の干渉から官僚制を守るという機能はなくなったんだけれど、議会の介入から官僚制はあいかわらず守られ続けている。議会は、立法機関でしょう。立法機関は、すべての権力の源泉のはずなんだけれども、官僚制にかなわない。議会は選挙があって、議員の地位は不安定なのに、官僚の地位は保障されている。競争試験で、優秀な人材を集めている。官僚制が、法案の大部分を作成して、立法行為を事実上代行している。これでは勝負にならない。

官僚制は起源が古いものです。明治維新のあと、官僚制をつくり直したが、はじめは参議[※42]などといっていたから、どこまで遡るかわからない。この、存在する権力はそれ自身で正しいという感覚は、古代中世から続く日本人の感覚なのだけれど、その感覚のしっぽを引きずっていたのが、戦前の失敗のいちばん大きな原因である。そして、現在の日本のさまざまな困惑の原因でもある、と私は思う。

※42　**参議**
もとは奈良時代に設けられた官職。明治になり、太政官のもとに置かれた。

官僚制VS自由民権運動

島薗　政治制度から見た場合の話としては、それは納得のいく説明だと思います。ただ私は、むしろ社会史的に見た場合、民衆がそのような政治制度を支持する基盤はどのように提供されたのか、ということを言いたいのです。それからもうひとつ、日本の官僚制というものは大きく見ると東アジアの皇帝を中心とする支配機構を日本に移した律令制の中に基盤があり、そこに埋め込まれたものと武家的な主従制がどう結びついたかが問われます。民衆が天皇への忠誠という観念を内面化し、日露戦争などを通して明治天皇を賛仰し、**乃木大将**[※43]のような悲劇的英雄を尊んだ。それは尊皇攘夷的な心情が民衆化したものであり、満州事変以後の陸軍の暴走を支えました。

民衆の主権や基本的人権を議会政治を通して法的に制度化したものが近代の立憲制だと考えると、それを超えて官僚制が神聖な天皇の権威を利用するシステムが、軍部をはじめいろんなところに内蔵されて

※43　乃木大将
乃木希典（1849〜1912）軍人。日露戦争で旅順攻略を指揮。その後学習院院長や昭和天皇の養育係を務めた。明治天皇の大喪の日に、妻と共に殉死。

いる。社会史的に見ると、それを天皇崇敬を教え込まれた民衆が支えてしまう。それを一言で名指しすれば国家神道であり、これをどう制御するかが現代においても大きな課題であり続けているのではないか。そのためには民衆の同意を取り付けようとする官僚制や組織権益に対して、我々がどのように立憲政治的な前提を自分たちのものにしていくかが問われている。そこに潜んでいる問題は日本人が民主革命をしていない、あるいは憲法の制定を自分たちでした意識がないということですが、それに代わる経験は確かに持っています。

敗戦の経験やその後の民主化の経験もそうですし、明治期にもさまざまな経験があります。官僚制の支配と自由民権運動の緊張は、大正デモクラシーにも引き継がれました。そして、敗戦のときの「裏切られた」、道を誤ったという気持ちは、私の親の世代のかなりの人びとには心に強く刻まれていました。今の我々の考え方はそういう経験の積み重ねからできており、現在の憲法をめぐる論争は、そこのところをはっきりさせていくことが重要だと思います。50年代から60年代にかけての平和運動と現今の安倍政権の下の立憲主義擁護の運動は、戦前を引き継ぐ国家主義的官僚制の支配と歴史的な経験を踏まえて声を上げる市民の対立という構造を作って来ています。

もう一つ、自由と民主主義は世俗的な概念ですが、そこにはキリスト教に基づいた宗教的な理念とつながりがある。そのことは非常に重要で、逆に言えば我々が西洋からの借り物の自由と民主主義を超えるには、我々の文化伝統の中における個人の自覚や、多様性の承認、あるいは法の支配といった理念が必要になる。ただ、その基礎となるような文化伝統は、仏教にも儒教にも存在します。例えば幕末維新期の思想家の**横井小楠**※44も、アメリカの民主制を儒教的な理念で捉えようとしていた。**石橋湛山**※45のような仏教を基盤とした自由主義者もいました。ですから、そういう伝統を掘り起こしていくことがぜひとも必要なのであって、今おっしゃった橋爪さんの説は私の理解とは対立するものではなく、補い合う関係にあると言ってもよろしいでしょうか。

※44 横井小楠
（1809〜1869）幕末の思想家。越前福井藩の顧問となり、開国通商を説く。明治維新後参与となるが、暗殺される。

※45 石橋湛山
（1884〜1973）ジャーナリスト、政治家。東洋経済新報社社長。1956年から57年に首相を務める。

橋爪　なるほど。せっかくですから新宗教の話などをうかがいたいところですが、先に官僚制の話を片づけましょう。

私の観察によると、日本でいちばん権威と権力を持っているのは、行政官僚なんですね。行政官僚って事実上、立法機関のように機能している。そもそも法律の大部分を官僚が作文しているうえ、さまざまな通達とか規則とかを関連業界に与えて、関係する人びとをコントロールする役割を担っている。だから、官僚機構は明治このかた、肥大し続けてきた。

これは、中国的な官僚機構がアジアのあちこちにあるという話とは、ちょっと違うと思う。もともと日本人は、中国的な官僚機構を理解出来ず、官僚制が嫌いだったんです。それは、律令制のはずの平安時代の官僚制が、だんだんやせ細り、盲腸のように機能しなくなっていった経過をみてみても、中国とまるで違う。じゃあ、日本で機能した行政権力はなにかというと、在地の権力で、農民を監督し外敵の侵入を防いで、農民を保護しているんだか収奪しているんだかよくわからないけれど、農民に支持されている。こういうものなんですね。そういう中から武士も出てきた。

武士というのは、なかば農民だったわけですけれど、やがて戦闘員に、そして行政職に専門化していって、城下町に集まるようになった。領地から切り離されて、江戸時代には完全な行政職になった。つまり、官僚制なんです。でも中国の官僚制と違って、世襲です。つまり身分であり、家柄であり、職分なんですね。農民も身分であり、家柄であり、職分。武士と農民は、異なったカテゴリーとして、持ちつ持たれつの運命的な関係になった。しかも武士の集団は、中央集権的でなく、全国に分散している。これが日本の官僚制の原点であって、農民からすると、税負担はするけれどもそれなりのパフォーマンスをしてくださいよ、という期待がある。自分が支配する側になると、思っていない。行政官僚制を支えている日本人の感覚は、江戸時代のこの、身分に基づく武士と農民の運命的な関係というのが現代的になったものとも言える。

明治になって世襲制がやめになり、行政官僚は、高等教育を受けた者を試験で選抜するシステムになった。全国一元化されて、中央政府にまとめられたのです。これはなぜかというと、国民国家としてのパフォーマンスが必要だから。分権的ではやっていけない、緊急避難だったと思う。では中央政府は何をやったかというと、軍事。それから、教育。それから、殖産興業。みたいなことをやって、特に軍事の役割が大きかった。海軍に力を入れ、ある時期は歳出の40パーセントが軍艦の建造費だったこともある。こんなでは、税金を払っても、地元に対する利益還元とか、弱者のサポートとかの余裕はまったくない。それでも農民やみんなが納得していたのは、外国の脅威を、日清戦争や日露戦争で、肌身で感じていたから。日本国の独立に、自分たちの利益がかけられている、政府はそれなりにパフォーマンスをしている、と思っていたからです。でも実は、全然パフォーマンスがよくなくて、ひどい目にあった。

戦後もこの中央官僚制は、維持された。でもそのパフォーマンスがよかったかは、疑問ですね。日本の産業がすみやかに復興して、経済成長をとげた。経済のパフォーマンスがいいので、行政官僚が大きな権力と多少の利権を持ってるのはまあ仕方がない。こういう理解なわけです。

行政官僚の行動や価値観は、アメリカみたいなシステムだったら、二重三重にチェックされる。まず法律によってチェックされる。行政官僚と議会は、犬猿の仲なんです。行政官僚は選挙されないが、議員は選挙される。その正統性をたてに、議会は法律をいろいろ作って行政官僚をコントロールする。裁判所は、行政官僚の行動が法律に合致しているか、チェックする。また納税者もさまざまに、異議を申し立てる。それから精神的な権威としての教会があって、人びとは、宗教的な権威は行政府よりもはるかに上位にあると思っている。行政官僚はただの人間であって、神に逆らう可能性がある。神はそれに、厳しい監視の目をいつも向けていると考える。こうして州や連邦政府は、二重三重に納税者の意思に従わなければいけない。こういう深い、キリスト教文明の伝統があるのですね。これがあればこそ、行政官僚に対する民主的コントロールがうまくいくのです。

日本の場合、行政官僚制は、天皇を今でも隠し玉に持っていて、宗教的権威が行政官僚に疑惑の念を向けるという要素は非常に希薄である。ちょっとだけ例外なのは、創価学会かもしれない。

創価学会について、少しだけ言わせてください。創価学会は、仏教系の新興宗教で日蓮主義。法華経原理主義のようなところがある。法華経のテキストを特有に読んで、そこに書いてあることが自分たちの世界理解や思考や行動の規準になると確信しているのだから、アメリカの**福音派**[※46]か原理主義に似ていると言えるかもしれない。だから政府のパフォーマンスに対して、宗教的態度に基づいた疑いの目を向ける。福祉をちゃんとやってるかどうか、戦争をむやみに始めようとしていないか。創価学会は、国民のあいだで人気があるとは必ずしも言えず、疑念をもつ人も少なくないようですけれど、この点に関して言えば、アメリカの教会の信徒が政府に疑惑の目を向けるのと、よく似た構造

※46 福音派
頁97を参照。

がある。

アメリカの場合、創価学会にあたるものが10も20もあって、いつも議論し相互牽制しながら、政治家をコントロールする態勢になっている。それに比べると日本は、創価学会ぐらいしかない。あとは共産党ですかね。共産党もある意味、宗教的ですから。

宗教が揺り動かしたもの

島薗　官僚制が立憲民主主義を脅かすという構造で日本の近代史を見ることは、おおよそ正しいと思いますが、とくに軍部が担った大衆の権力という要素をもっと見ないといけないと思っています。大衆の権力の危うさというのはアメリカの場合も同様で、アメリカの原理主義はしばしばナショナリスティックで攻撃的であり、第二次大戦後の反共産主義運動であるマッカーシズムのようなものと同調する性格を持っている。ですからキリスト教の中には立憲体制を掘り崩すような要素もあるわけです。

　今イスラム教が立憲体制を脅かすものとして立憲的な民主主義を世界に広めることへの障害と捉えられていますが、これと同じ要素はキリスト教の中にもあることを見ておく必要がある。例えばブッシュ政権がイラク攻撃をしたときに議会はほとんど全面的に支持したわけですが、その背景にはキリスト教に基づいた千年王国[※47]的なビジョンも一役買っています。それはいわゆるアメリカの市民宗教の一面です。アメリカは民主主義を広める歴史的な使命を負っていると自任していますが、そこには個人の自由を保障する思想とともに、キリスト教の千年王国的なビジョン、すなわちひとつの宗教的理念のもとに統合された世界を求める思想が作用しているということは、きちんと考えなければいけない。ですから、キリスト教は官僚支配に対抗する機能があるがイスラム教などはその反対であるという見方には、やや疑問を感じます。

　そして日本の場合はどうかというと、私はこれは日蓮の立正安国論[※48]

※47　千年王国
頁120を参照。

※48　立正安国論
日蓮の著作。国を救うため、法華経の正法を広めるべきだと説いた。

※49　比叡山
京都府と滋賀県の境にある山。天台宗の本拠延暦寺がある。

※50　一向一揆
室町中期から戦国時代に現在の北陸地方などで起こった一揆。一向宗の門徒が新興の小領主や土豪と連合し、大名と戦った。

を引き継ぐ創価学会だけではないと思います。

比叡山[※49]や一向一揆[※50]、本願寺[※51]なども宗教的な理念に基づいた社会を作るというビジョンを持っていました。信長は一揆勢力をつぶし、キリシタンも16〜17世紀に大々的に抑圧され、宗教的理念に基づく世俗秩序の構想は背景に沈んでいきますが、決して完全に死んではいない。いろいろな形で生き延びていると私は理解しています。浄土真宗も、国家の支配を宗教的理念に基づいて拒む側面がある。『教行信証』の中で親鸞[※52]も法然[※53]とともに流刑に処されたことに思いを致し、仏法に背いたとして天皇を厳しく批判しています。近代になると法華経や大本教[※54]の運動が国家に抵抗し、個々人の精神の自由を尊ぶ側面を持って出てくる。ですから、国家に対抗する宗教的ビジョンというのはしばしば出てきたわけです。ただ、それが近代的な学術やジャーナリズムと結びついていないです。学者は西洋の学問の移入に忙しくて、日本の精神文化の伝統との接点をもてないでいます。宗教的な、とりわけ仏教的な社会思想が沈滞しているために政治的な影響力を持ち得ないの

※51 **本願寺**
親鸞の墓所から発展し、浄土真宗の中心寺院となった。

※52 **親鸞**
(1173〜1262) 浄土真宗の始祖。法然に入門したが師の教えをさらに徹底させ、絶対他力や悪人正機説を説いた。

※53 **法然**
(1133〜1212) 日本の浄土宗の始祖。念仏を唱えることで往生できるという教えを説いた。

※54 **大本教**
神道系の新宗教。出口なおの神がかりをきっかけとして活動が始まり、なおの娘婿となった出口王仁三郎によって発展した。

は、そのあたりの事情が大きいでしょう。
１９４５年12月にＧＨＱは国家と神社神道の分離を**神道指令**[※55]で命じましたが、天皇制国家がもたらしたマイナス局面の見直しには敗戦が大きく作用している。そしてその反省を血肉化する人権意識は、確かに積み重ねられています。２０１１年の３月11日以降の脱原発の動きに対する反動として、経済産業省の官僚が描く高度経済成長時代へ戻ろうといったビジョンや、安倍政権下での国家神道への回帰のような現象が今起こりつつあります。そのような中で、宗教界には天皇崇敬へと傾くグループと、それを相対化しようとするグループが複雑に絡み合っていますが、少なくとも国家神道を抑制する方向の動きをもたらす潜在力は宗教界にはある程度あると私は見ています。

橋爪　日本のさまざまな宗教の特徴は、まず第一に、相互に論争しない。あるいは、出来ない。これは、アメリカの教会が互いに違いをすごく意識し、論争もし、自分の立場をはっきり認識してるのとはえら

※55　**神道指令**
１９４５年12月15日にＧＨＱが日本政府にあてた命令で、国家と神社神道の分離を指示したもの。

い違いです。論争がないと、自分はどの信仰を持とうとか、どの教会にコミットしようとかについて、まったく手がかりがない。

二番目に、日本の宗教は、政府（行政官僚）に承認されないと存在できない、と思っている。行政官僚を批判する力は、ほぼゼロである。戦前は**教派神道**[※56]が取り締まりの対象となり、大政翼賛会の流れで、あらゆる宗教が行政官僚制に取り込まれた。戦後も、宗教法人の制度とかいろいろな届け出とかによって、囲い込まれているんです。世の中平和になっていいんですけれど、しかし、宗教の毒性としてはツベルクリン以下だ。

島薗　日本の宗教は論争しないということですが、これについては確かに信長、秀吉、家康の天下統一で抑えられましたが、それでも江戸時代には儒教と仏教の論争もあったし、キリスト教を批判する排耶論などもありました。国学者も、仏教や儒教を強く批判しました。ですから、お互いに批判し合い論争する傾向はあった。近代になると、仏

※56　**教派神道**
国家と無関係な、宗教としての神道の教派の総称。黒住教・金光教・天理教など。

教がキリスト教の批判に躍起になりましたし。ですから、論争がないわけではないんです。

ただ、明治中期以降は、国家神道に収束する方向に誘導されてしまった。キリスト教思想家の内村鑑三[※57]が教育勅語に拝するのを拒んで一高の教職を辞した不敬事件の後に、哲学者の井上哲次郎[※58]が「教育と宗教の衝突」という論争を起こしますが、そこでは批判の対象からは仏教は除外されていて、キリスト教が教育と衝突するということになってしまいました。仏教は、いつの間にか国家神道になじむ方向に向かっていきました。ただ官僚制がそれを統制したからかというと、どうもそうとは言えないのではないでしょうか。戦後の体制としては文部省に宗務課というのがありますが、それほど権限を持っていませんし、宗教団体の中には宗務課に対する対抗意識というのも存在します。中には今の宗教法人法に従わないと言って資料の提出を拒んでいる宗教団体もある。ということで、いま橋爪さんがおっしゃった日本宗教の像は、やや実情と違うのではと思う部分もあります。

※57 内村鑑三
（1861〜1930）キリスト教思想家。無教会主義キリスト教の信徒。著書『余は如何にして基督信徒となりし乎』

※58 井上哲次郎
（1855〜1944）哲学者。ドイツ観念論哲学を輸入する一方、儒学思想を研究し国体論にのっとった国民道徳を唱えた。

それから仏教がどれくらい国家神道的な秩序に対して自律的であろうとしたかという問題に関しては、浄土真宗などは敗戦の経験が大きく作用しています。戦時中のあり方を批判する中から宗教の自律性を生み出していこうという動きは、あるということです。これと欧米各国の宗教が持つ政治的機能を比べるのはなかなか厄介ですが、あまり悲観的な絵を描きすぎるのは問題があると思います。そして創価学会については、今の自公連立政権が、創価学会が本来持っている宗教的自律性を抑える方向に作用している現状があります。しかし、潜在的には、国家神道的なビジョンとはかなり緊張関係があるはずです。公明党の動きというのは日本の政界をかなり大きく動かしますから、このまま安倍政権になびく方向を続けていくのかどうかは、今後見守っていかなければならないと思っています。

5

20世紀の世俗化と21世紀の宗教回帰
今、人々はそこに何を求めるのか?

20世紀の世俗化と21世紀の宗教回帰

島薗　マックス・ウェーバー[※1]の時代の宗教社会学は世界史全体を問題にするビジョンを持っていましたが、第二次大戦後の宗教社会学は狭く限定的に問いを立てるようになり、キリスト教世界の現代の動向を調査するものが主流となりました。その際の議論としては、世俗化（脱宗教化）論が中心的な論題となりました。それはウェーバー的なビジョンから見ると狭い議論ではありましたが、背後に現代人の自己意識は今後どこに向かっていくのか、という問題意識があった。近代合理主義の自己意識、それはまた世俗主義ともいえるかと思いますが、それが確かな帰着点だと考えられていたんです。

ところが１９７９年に起こった、イスラムへの回帰を掲げた**イラン**[※2]

※1　マックス・ウェーバー　頁17を参照。

革命以降、世界のどの地域も世俗化に向かっていくという議論は信じられなくなっていきました。たとえば、アメリカの社会学者であり神学にも関心が深かったピーター・バーガーは『聖なる天蓋―神聖世界の社会学』[※3]（邦訳1979年／新曜社）という本を1967年に出していますが、その中では彼は世俗化論を採用しています。ところが80年代から90年代になると、あれは間違いだったと言うようになります。発展途上国も次第に宗教を捨てて近代化していくというよりも、むしろ宗教勢力が強くなり、そのアイデンティティをバネにして近代化していく傾向が強まるというのです。

一方、アメリカのような先進国においても、それまで進歩だと思われていたことが必ずしもそうではなく、環境問題などの科学文明の弊害が自覚され、都市における暴力、退廃、若者の目標喪失、さらには人種や民族による対立といったことに苦しめられるようになります。そういう中で若者が宗教に向かう傾向が見えてくるようになる。

60年代にアメリカではカウンターカルチャー（対抗文化）が起こり、

※2　イラン革命
1979年、イスラム教シーア派の指導者ホメイニ師がパフラヴィー王朝を倒した革命。イラン・イスラム革命とも呼ぶ。

※3　『聖なる天蓋―神聖世界の社会学』（薗田稔訳・新曜社）
ピーター・バーガーは本書であらゆる社会は宗教的な象徴の体系を持つとし、これを「聖なる天蓋」と呼んだ。

若者たちが東洋や先住民の宗教、そして心理学と結びついた**スピリチュアリティ**[※4]などに惹かれるようになり、教会から離れていき、ドラッグが流行した。その流れの一方で、同じ時期に他方では、キリスト教の保守派――**エヴァンジェリカル**[※5]（福音派）や**ファンダメンタリスト**[※6]（原理主義者）といった人たちも増えていった。それは20世紀前半とは異なり、インテリ層にもかなり食い込んでいきました。これがやがては宗教右翼ともなるのですが、その境目となったのが先進国のベビーブーム世代。この世代は最初は伝統文化から離れる方向に行きながら、その後、逆カーブに向かう傾向が一部に見られました。そしてそれ以後の世代はというと、初めから進歩よりも伝統回帰に向かうような様子も目立つようになりました。これを宗教復興と言う人もいるのですが、本当にそう呼べるのかどうか。またこれは世界的に共通した傾向なのか。日本にも当てはまるのか。橋爪さんは、このあたりをどうご覧になっているのでしょう？

※4　スピリチュアリティ
人間の宗教的感情や、霊性・精神世界などを指す。

※5　エヴァンジェリカル
頁97「福音派」を参照。

※6　ファンダメンタリスト
キリスト教で、聖書の記述をすべて正しいと信じる人。

橋爪　日本にはたぶん、あんまり当てはまらないですね。

日本にもいくつか、宗教ブームの波がありましたが、60年代も70年代も、90年代も現在も、そんなに大きな違いがない。大きなインパクトがないのです。

ただし、世俗化に向かうと思われていた流れが逆流して、宗教が新しく甦っていくという現象は、世界的には同時並行的に、確実に起こっている。

ひとつは、**マルクス主義**[※7]、社会主義の動向なのですが、マルクス主義は科学的社会主義を名のっていて、合理主義で、宗教の要素はなく、むしろ宗教を敵視していて、宗教は死滅すべきものだと、主張していた。その結果ソビエトでは、**ロシア正教**[※8]がほぼ死に体のような状態になり、中国でも宗教は繰り返し攻撃を受けていた。マルクス主義が非常に大きな力を持った社会ではおおむね、宗教は低調になったのです。日本もマルクス主義の影響が強かったし、フランスでも強かったし、イタリアでさえかなり共産党とかの動きがあったのです。まあ、アメ

※7　**マルクス主義**
頁19を参照。

※8　**ロシア正教**
ギリシア正教から民族化し発展したロシアの宗教。東方正教会の一派。

リカだけですね、マルクス主義の影響があんまりなかったのは。50年代、60年代は、そういう時代だったと思います。

けれども、スターリン批判とかが先がけですけれども、マルクス主義（**ポストモダン**[※9]風に言うと、大きな物語）が、だんだん崩れてきて、退潮して行って、**ベルリンの壁崩壊**[※10]のあと、それが政治的にも大きな流れになっていくと、いま名前があがったような国で、宗教が盛り返してくる。ロシアでロシア正教が生き返り、今はプーチンと、二人三脚みたいな状況になっている。

それから、韓国。マルクス主義の影響はそれほど大きくなく、禁止されていたのですが、60年代、70年代からキリスト教の広がり具合は、非常に顕著なものがあり、もともとあんまりキリスト教の基盤がなかったのに、ここへ来て、30％とも50％ともいわれるぐらいクリスチャンが増えている。

中国も、**文化大革命**[※11]でさんざんいたぶられたのに、宗教は根深いものがあり、まず仏教徒が非常に増えています。これは〝ひとり仏教

※9　**ポストモダン**
頁17を参照。

※10　**ベルリンの壁崩壊**
ベルリンの壁は東西冷戦下の西ベルリンを包囲していた壁。1989年11月10日にこの壁が壊されたことが東西冷戦の終結の象徴とされた。

※11　**文化大革命**
1966年に始まり毛沢東が主導した、中国の革命を深化させるための運動。

徒〟みたいなものでね、手首に数珠をつけているとか、お経を読んでいますとかみたいなもので、あと時々お寺に行ったりするという、横のつながりはほとんどないけれど、心の支えとして自分は仏教徒ですみたいな自覚を持っている人が、かなり増えていて、たぶん人口でいうと、10％以上だと思います。20％ぐらいかもしれない。

キリスト教徒も増えている。キリスト教徒は、統計がないのでよくわからないけれど、聖書を読む、それから、教会や集会所みたいなところに集まって、兄弟姉妹と私的なつながりをもつ。だから仏教に比べて、政府は警戒的です。これが少なく見ても5％。10％ぐらいかもしれない。

あと法輪功[※12]とかね、非合法になってるかもしれないけれども、新宗教系のよくわけのわからないものも隠れてかなりあるはずで、宗教はむしろ、大々的に復興しているんですね。

アメリカでももちろん、エヴァンジェリカルズ（福音派）のような宗教の復興、あるいは保守政党（共和党）のティーパーティ[※13]のような

※12　法輪功
頁56を参照。

※13　ティーパーティ
２００９年からアメリカで始まった保守派の草の根運動。

メンタリティとくっついているようなものの巻き返しは明らかです。ヨーロッパはちょっとさめていて、フランスもそういうものはあまりないのですが、でも、根強く、国ごとに宗教は存在している。決して、死滅に向かっているわけではない。そういう現状があると思います。

「大きな物語」の喪失

島薗　私の認識も、日本は別として、おおむねその通りです。ただ、キリスト教のあり方は、かなり変わってきていますね。かつてはキリスト教は文明の進歩の先頭にいる宗教と認識されていました。進歩に従うことと、キリスト教の信仰を持つことが重なっていた時代があったのです。

私はアメリカで、社会学者**タルコット・パーソンズ**[※14]の弟子である、**ロバート・ベラー**[※15]という宗教社会学者について学んだことがあります。パーソンズや彼の弟子たちは、皆キリスト教にかなりの尊敬心を持ち、

※14　タルコット・パーソンズ
（1902〜1979）アメリカの社会学者。構造─機能分析を唱えた。著書『社会構造とパーソナリティ』（新泉社）。

※15　ロバート・ベラー
（1927〜2013）アメリカの宗教社会学者。著書に『徳川時代の宗教』（岩波文庫）。共著に『心の習慣─アメリカ個人主義のゆくえ』（みすず書房）などがある。

信仰も持ち、かつ社会学にも希望を持っていた。ですから近代的な社会学とキリスト教がうまく歩調を合わせて、よりよい世の中を作っていくという感覚を持っていたのです。

日本では、**丸山眞男**[※16]がこれに似ています。『丸山眞男—リベラリストの肖像』（苅部直著／2006年／岩波新書）という本に示唆されていたと記憶しますが、丸山眞男はキリスト教や浄土真宗のような宗教を非常に尊敬し、宗教があってこそ個人は成熟し、近代性も熟すと言いながら、丸山自身の宗教ははっきりしない。そこで例えば**荻生徂徠**[※17]のような儒学者を持ってきて、そこに日本における自分の思想の祖を求めるということをやっています。

進歩的知識人などと呼ばれた人たちは、キリスト教の影響を受けて進歩と結びつき、それが近代的個人の自己確立とつながる、そういう理念を持っていた。これは日本だけではなく、かなり広い範囲の地域に広がっていました。

かつて、欧米の先進国に留学してこそ、最も進んだ現代の学問を身

※16　丸山眞男
頁47を参照。

※17　荻生徂徠
頁50を参照。

につけることができると信じられた。そうして帰国した人がその国のリーダーになるという時代があり、そこには進歩と結びつく宗教という理念がありました。これを私は近代的な宗教理念の有力な一角と考えていますが、それが崩れる時代を経て、知識人あるいは高等教育を受けた人にとっては、自分のアイデンティティを新たに探し直さなければならない、ある種の空白に直面することになったのです。これは橋爪さんの先ほどの言葉を借りれば、「大きな物語」が崩れたということです。「大きな物語」とはすなわち、歴史の進歩と近代宗教、あるいは社会主義ですね。**冷戦**[※18]時代には、ある種の宗教理念または社会主義が、近代人のアイデンティティを支えるものとして存在していました。

「大きな物語」が崩れると、その後は世俗主義という言葉で捉えられるようになり、世俗主義こそが未来というのは怪しいと見る人が増えてきて、世俗主義の諸前提が崩れるとポスト世俗主義（ポストセキュラー）ということが言われるようになる。社会主義でも**自由主義**[※19]でも、

※18　**冷戦**
頁21を参照。

※19　**自由主義**
頁21を参照。

たとえ宗教が背景にあっても、政治体制は宗教とは切り離された思想・根拠に基づいて自己のアイデンティティを据える。自分は世俗の側にいる人間だということが当然のこととしてポジティブに受け止められる時代です。

ところが70年代以降はそれが次第に過去のものとなる傾向があり、その流れが現在も続いています。その過程で宗教ナショナリズム的なところへ行く。あるいは国民という枠を超えた宗教的伝統や、その後に来るところの個人主義的なスピリチュアリティ――これを**新霊性文化**[※20]と私は呼んでいます――を信奉するといった選択肢が出てきたと思います。

これは実は昔からあった動きです。カナダの哲学者の**チャールズ・テイラー**[※21]などに言わせますと、近代化が進むと合理主義的な進歩思想が信奉されるが、それに対して不満も起こって、**ロマン主義**[※22]的なものや、宗教的なものに近代に対抗するアイデンティティを見出す思想がかなり早い時期から起こってくる。これが宗教的マイノリティや特殊

※20　**新霊性文化**
島薗進には『スピリチュアリティの興隆―新霊性文化とその周辺』（岩波書店・2007年）という著書がある。

※21　**チャールズ・テイラー**
（1931～）カナダの哲学者。90年代には多文化主義を巡る世界的な論争を主導した。著書『〈ほんもの〉という倫理―近代とその不安』。

※22　**ロマン主義**
18世紀末から19世紀にかけてヨーロッパで展開された思潮。現在を神話的過去と結びつける理想主義。

な知識人のみならず、広い層に浸透してきたのが20世紀の後半、あるいは最後の四半世紀の世界の状況でしょう。

その際、どこに知的な拠り所を求めるかについては非常に多くのバラエティがあり、イスラム圏ではイスラム教、キリスト教の伝統の強いところではキリスト教に回帰していく。インドではイスラム回帰の影響を受けながら、ヒンドゥーナショナリズムが出てくるし、ロシアならば**オーソドックス**[※23]の伝統に戻っていこうとする。

西ヨーロッパや東アジアは、それに比べると少しわかりにくい。東アジアでは古くから仏教があり、儒教があり、日本では**神道**[※24]もあります。そして日本の現在の政治状況の背後には、広い意味の宗教回帰――宗教性を帯びたナショナリズムといったものも含めて――があり、それが今かなり力を持ってきていると私は見ています。

※23　オーソドックス
キリスト教の東方教会、すなわち正教会のこと。

※24　神道
頁29を参照。

新しい時代の宗教共同体

橋爪 人びとに宗教の影響力が及んだり、まじめに宗教を信じる人びとの人数が増えたりする。そういうのは宗教回帰、かもしれません。けれども、私に言わせると、そういう宗教回帰や宗教ブームというのは、基本的に「後退戦」だと思うんですね。戦争で、前線を下げながら守りに入って行くというのが後退戦。前進してない。

どうしてかと言うと、宗教はある時期まで、同じ宗教を信じる人びとの宗教共同体を作って、政治や権力や経済、地域社会や家族の問題を、共同体でいっぺんに解決して行こうという、そういう志向を持っていた。必ずしも後ろ向きではなくて、前に進みながら、そういう社会を作るんだ、と。アメリカがそういう感じで、17世紀、18世紀と進んで行ったと思うんですね。

だけど、アメリカ合衆国ができてから、もはやそういう共同体はなかなか作りにくくなってきて、政治的国家とかマーケットとかいうのはもっと大きくて、いろいろな宗教・教派を巻き込んで、共通項は世俗のものでなければならないっていうやり方になった。

ヨーロッパも、やや別な経緯をたどって、だいたいそういうやり方になった。

そうすると宗教は、19世紀からは、個人の選択の問題になった。選択しないことも含めて、宗教ということになったのです。だから宗教は、ある意味自由になって、選べるようになったんですけど、選べるようになったときに、宗教のパワーって落ちちゃうわけですね。で、後退戦になっているんじゃないか。

多くのひとが宗教を選ばなくなった時期があった。たとえばマルクス主義とか、社会主義とか、世俗化だからもういいやとか。そこでうまくいかなくなると、今度は逆に、宗教を選び始めるんです。こういう宗教団体に入りましょう。田舎から出てきたとか、高度成長に置き去りになったとか、友達がいないとか、心が空虚だとか、いろんなマイナス面を補うために自分が選択する。そういう宗教に入れば、ひとつ道が見えるかもしれない。日本で一番成功したのは**創価学会**[※25]ですが、そういうかたちです。

アメリカだったら、**福音派**[※26]ですね。一度教会を離れたり、ヒッピーが出て来て社会が混乱したりした。でもヒッピーも、結婚して子供を育てるということになると、どうやって育てるんだろうというふうになって、じゃあ私が子供のころ教会に連れて行かれたように、子供を連れて教会に行こう。で、そうやって育てていくと、宗教回帰、ですね。家族を育てるということになると、ヒッピーのまま育てる人もいますが、まああんまりうまく行かない。それより、普通の教会に連れて行ったほうがいいと思うわけだから、100人のうち99人は、そういうふうになるわけですよ。

それからソ連・ロシア、中国、こういうところもみんな、共同体の作り方を変えなければならないときに、宗教がもう一回個人で選択できるものだっていうことに気がついた。そこで選択した人が多かったと。だから、宗教の力が広がっているように見えますが、そういう選

※25 創価学会
頁134を参照。

※26 福音派
頁97を参照。

択をしなければいけないくらいに、世俗の力が強い。ま、グローバリズムが強い。

そういう政治や経済の、筋書きのない拡張・膨張。そして農村がつぶれ、従来の生活様式が平準化し、コンビニとかスタバとかいったものがどんどん広がっていって、便利なんだけど何か脅かされている。こういう感覚はたぶん、世界共通なんですね。世界共通にそういう脅かされる感覚があれば、世界共通にそれまでどこかになじんで親しんでいた宗教に回帰しようと。非常によくあるアイデアですが、まずそうなると思うのです。

島薗 アメリカあたりの統計では、1950年代にはむしろ教会に所属する人が増えていた。20世紀のある時期までは、安定した共同体に属することが、生活基盤を支えることになっていました。国家がまだ共同体としての安定性を持っていて、その背後には国民同士の連帯感があった。そういう時代があったと思います。その1950年代はちょうど創価学会が急拡大を始めた時期です。1951年には5000人余と言っていたのが、1970年には750万世帯になっています（上藤和之他編『革命の大河』聖教新聞社／一九七五年）。日本ではアメリカよりやや遅れていますが、いずれにせよこの時代はある意味で「所属の時代」と言っていいでしょう。人は共同体や会社や組織等に所属することに希望を見ていました。当時は集団に所属することがポジティブに考えられていたのです。終身雇用もよく機能していて、一般の市民は会社に所属することに安心感を持っていた。その時代に女性の方は宗教集団に帰属することが非常に多く、また親族集団もある程度の安定性を持って機能していた。こういう時代があったのです。しかしながらその時代は、知識人にとっては宗教から卒業していくという意識を持った時代でもありました。

ところが70年代以降は、これが変わっていきます。アメリカの政治学者の**ロバート・パットナム**[※27]の社会関係資本の議論によれば、20世紀の最後の3分の1は、個人がコミュニティやアソシエーションを作っ

※27　**ロバート・パットナム**（1940〜）アメリカの政治学者。アメリカにおける共同体の衰退を論じた。著書『孤独なボウリング—米国コミュニティの崩壊と再生』（柏書房・二〇〇六年／原著・二〇〇〇年）

て社会に参加していくことで形成される社会関係資本が後退していく。これは消費社会化と言ってもいいのですが、個人がそれぞれ自分の思い思いのものを選択するようになり、安定した関係が作りにくくなっていきます。各個人はたくさんの関係を持っているけれども、安定した重要な関係はあまり多くない。そこで孤立しやすい。そういうライフスタイルができてくる。

するると宗教においても集団に帰属してまとまった活動をしたり、時を過ごすあり方は持ちにくくなってきます。これは欧米でいうと、教会の礼拝や日曜学校に出席してごはんも一緒に食べるというあり方が維持しにくくなってくるということです。日本では、葬式や法事の参加者が減ってくるというところに典型的に表れる。戦後には仲間作りで成長した新宗教も、だんだん人が集まりにくくなってきます。

私が80年代にこれは大きな変化だと思ったのは、**幸福の科学**※28や**オウム真理教**※29は、集会所に集まっても、お互いの顔を見ない。皆が横に並んでビデオを見ているのですね。**立正佼成会**※30や創価学会は車座になっ

※28　幸福の科学
頁58を参照。

※29　オウム真理教
頁58を参照。

※30　立正佼成会
1938年に庭野日敬と長沼妙佼が霊友会から分かれて開教した法華系の新宗教。東京都杉並区に本部がある。

たりして、お互いの顔を見合いながら、それぞれのプライバシーもある程度さらして仲間になっていきます。それに対して幸福の科学やオウム真理教は、各自の世界を守りながら、宗教的資源に接触するときだけ一緒になるという感じでした。この頃から宗教においても消費者的な参加の仕方がメインになってきた。そういう状況で、個人が実存を支える選択に直面するわけです。橋爪さんが先ほどおっしゃった宗教の後退戦というものが、そこに表れているともいえると思うのですが、一人一人の意識の中においては、宗教的なものが占める場所は決して後退戦とはいえないのではないかと私は思う。

他方、公共領域での宗教の役割が増大します。ヨーロッパでいうと、国民国家からEU[※31]への連帯に変わっていく時代背景があります。EUの共通基盤にはもちろん近代の民主主義理念もありますが、同時にキリスト教の文化伝統も分け持っていて、その共同意識が大きい。世俗的理念よりも宗教的伝統が共通基盤として自覚されます。その価値観が共有されているので、この対談の最初に議論したブロック化という

※31 EU 頁31を参照。

ような、文明の基盤が国民国家を超えて共有されていくということが起こっている。ですから集団としての宗教は後退戦になっているかもしれませんが、公共領域を見ると、宗教の出てくる場がまた新たに増えてくると言ってもいいのかなと。これはたとえばドイツの哲学者の※32**ユルゲン・ハーバーマス**やカナダの哲学者のチャールズ・テイラーといった今の世界をリードする哲学者たちが宗教の重要性を再確認しているところにも現れていると思うのですが。

アメリカの宗教的保守派

橋爪　そういう、世俗化が強烈に進んでいる世界のなかで、自分を確認し守るために、宗教を選択しなおす。こういう動きが世界にある中で、ひとつ特異なのは、イスラムだと思います。

イスラムは途切れなく、共同社会がイスラム社会であったという伝統があります。これは1000年以上前からそうで、壊されたことが

※32　ユルゲン・ハーバーマス（1929〜）ドイツの哲学者。著書『イデオロギーとしての技術と科学』（原著・1968年）、共著『ポスト世俗化時代の哲学と宗教』（原著・2005年）。

なく、そして植民地になったけれども、制度の上層で西欧化したけれども、人びとはイスラムの伝統を守ることでそれを耐え、しのいで、その植民地の時代を乗り切った。そのあと、国民国家みたいなものを作らされたけれども、イスラムの特徴は、ある地域はすべてあるイスラムの法学派によって占められていて、個人の選択というふうに、なってない。法学派を移ることは普通考えられない。これはキリスト教徒が、教会を移るということを頻繁に行なうのと、大変対照的だと思います。いまだに、家族や地域社会が丸ごとイスラムだということを前提に、まだ行動している。そういう意味で共同体主義的、だと思うんですね。

さてこのイスラム世界が、グローバル化・世俗化にさらされていった場合、いろいろな現象が起こるんですけれど、個人の選択できない宗教帰属という意味でのイスラムというものが、どういう意味合いを持つかというと、対抗的な意味合いを持つのです。世俗化に対抗する。あるいは、アメリカの世界支配に対抗する。かつては、マルクス主義に対抗する。近代主義に対抗する。そういう対抗として大きなパワーを持つ。**イラン・イスラム革命**[※33]もそうだし、それから、世俗化したたくさんのイスラム諸国のなかで、**イスラム復興運動**[※34]が起こる。**ムスリム同胞団**[※35]とか、いろんなものが出てくるんですけれど、キリスト教圏とはだいぶ違う形をしている。そこで、突出していて非常に目立つ、と思います。

島薗　2006年に、エジプトのカイロ大学で教えていたことがあります。カイロ大学の女子学生のほとんどはおしゃれなベールを着けていて、そこにファッション性があるのですが、イスラム教徒であるという自覚も表しています。それは同時にエジプトの市民としてまっとうであるという印にもなっています。子どもにも**クルアーン**[※36]と古いアラビア語を学ばせる。その中であえてベールをつけない人たちもいて、この人たちはイスラムの流れに溺れまいとしているのではないかと思いました。しかし聞いてみると、90年代のある時期までは、大学では

※33　イラン・イスラム革命
頁167「イラン革命」を参照。

※34　イスラム復興運動
正しいイスラムに回帰しようとする運動。イスラム主義とも呼ばれる。

※35　ムスリム同胞団
1928年にエジプトで創設されたイスラム復興運動の代表的な組織。2011年のエジプト革命後の選挙で政権を握ったが、2013年のクーデター後は抑圧されている。

※36　クルアーン
頁98「コーラン」を参照。

むしろベールを着けない方が普通だったらしい。これは明らかに宗教回帰です。そういう中でも、ムスリム同胞団にはやはり距離感がありました。ムスリム同胞団は、生活援助的な活動もしていて、強固な基盤を持っているのは、どちらかというと貧しい人たちの間です。ある時期に労働組合がやっていたことを今はそういう宗教組織がやっている。

ジャスミン革命[※37]がチュニジアから起こり、エジプトでも同様の革命が起こった。さまざまな新しいエジプトのイメージが、そこには集まりました。

その中で数が多かったのは政治的な意識が強いムスリム同胞団に共鳴する人たちで、選挙に勝ったのはその勢力でした。しかし軍部や、おそらくは産業界などのまったく違う権力基盤の人たちがいて、結局はそれをひっくり返しました。トルコやエジプトでは、新しいイスラム社会をどのように作るかということについていろいろなビジョンがあったのでしょうが、そこは現在も模索中で、なかなかいい形が出て

※37 **ジャスミン革命**
2010年から2011年にかけて、チュニジアで23年続いた強権的な政権を崩壊させた運動。同様の動きはエジプト、リビアなどにも広がり、一連の動きをアラブの春と呼んだ。

こないということなのでしょう。イスラエルも、似た状況ではないでしょうか。かつては世俗的な**シオニズム**[※38]によって国を作った一種の世俗ナショナリズム国家であったものが、ある時期から宗教色の強い国家になった。これは政治性がかなり入った宗教色ですね。

そういう観点では、アメリカのファンダメンタリストと、イスラエルのユダヤ教超正統派も似ている。これは政治的攻撃性を持った宗教勢力と言った方がいいかと思いますが、アメリカでいうと宗教右翼ですね。そういうものは、イスラム教、ユダヤ教、キリスト教にかなり共通しているのでしょうか？

橋爪　それは調べてみないとわからないんですが、共通している、と簡単には言えないように思います。

アメリカのキリスト教の場合、まずファンダメンタリストっていうのがいるけれど、ほんとに少数。聖書を逐条霊感的に、どこもかしこも正しいっていうふうに読んでいく。これは主流派の、神学校で教え

※38　**シオニズム**
ユダヤ人の祖国回復運動。19世紀末から盛んになり、1948年のイスラエル建国に結びついた。

※39　**エホバの証人**
1870年頃アメリカで成立したキリスト教系の新宗教。輸血拒否の教義をめぐって日本でも問題になった。

※40　**メソジスト**
18世紀、イギリスでジョン・ウェスレーなどが起こした信仰覚醒運動により生まれたプロテスタントの一派。規則正しい生活や日曜学校を重視する。

※41　**バプティスト**
プロテスタントの一派。

※42　**プレスビテリアン**

る、正統キリスト教の聖書の読解方法とは、ずいぶん違うわけだから、かなり突飛で独立系少数教会みたいなやり方をとらないと、あるいは**「エホバの証人」**[※39]みたいにもう正統教会からはみ出てしまわないと、なかなか維持できないような聖書の読解の方法であり、信仰の持ち方だと思うんです。

それより幅広で、福音派っていうのがいて、これはめちゃめちゃに人数が多いのです。そこまで突飛で過激ではない。連続性があります。福音派（エヴァンジェリカルズ）は、宗派を特定していないっていう点が、ひとつポイントです。たいていの地元の教会は、宗派が特定されていて、主流派（メインライン）の教会だったら、**メソジスト**[※40]、**バプティスト**[※41]、**プレスビテリアン**[※42]、**ルター派**[※43]の4つ。あと、**エピスコパル**[※44]、**コングリゲーショナル**[※45]。ほかに、**ホーリネス**[※46]、**ペンテコスタル**[※47]、**アドベンチスト**[※48]、などたくさんあるのです。**クエーカー**[※49]などになるともっと小さい、というふうに、10も20も30も、もっと宗派があるわけですが、これは地域ではなく、思想信条で集まっているわけだから、

長老派とも言う。カルヴァンの系譜をくみ、牧師と教会員の中から選ばれた長老によって教会が運営される。

※43 ルター派
ルーテル教会とも呼ばれる。マルティン・ルターによるプロテスタントの一派。

※44 エピスコパル
米国聖公会ともいう。18世紀にアメリカがイギリスから独立する際に創設された一派。

※45 コングリゲーショナル
会衆派教会とも言う。16世紀イギリスの改革運動に起源を持ち、アメリカで盛んになったプロテスタントの一派。

※46 ホーリネス
メソジスト教会内部で発生した信仰復興のための「ホーリ

目の前にエピスコパルの教会があるからといって、プレスビテリアンの人はけっしてそこに行かず、車で30分とか1時間とかかかろうと、必ず自分の所属教会に行くと。所属教会の人びとが兄弟姉妹であり、隣の教会の人びととはむしろ仲が悪いと、こういうネットワークを持っているのです。

さてこの、毎週行く教会の牧師さんの話がおもしろくない。しょうがないからずうっと行っているけど、とりたてて啓発されるわけでもないし、これ以上献金を増やしたり、貢献したりするつもりもない。なんかおかしい。でも、キリスト教的エネルギーというか、なんか、もやもやがあるみたいな人が、かなりの割合でいて、その人たちは、昔でいうと巡回説教師、いまで言うとメガチャーチを経営しているテレバンゲリスト[※50]的な、そういう説教師みたいなひとのところに行くわけです。

メガチャーチは、私が知る限り、ノンデノミネーショナル（無宗派、脱宗派）を掲げている場合がよくある。ルター派もメソジストもエピ

ネス運動」で生まれた教派。

※47 ペンテコスタル
メソジスト、ホーリネス教会で20世紀初頭に始まった聖霊運動（ペンテコステ運動）から生まれた教派。

※48 アドベンチスト
アメリカで始まったキリストの再臨と安息日の厳守を主張する教派。

※49 クエーカー
ピューリタン的プロテスタントの一派。

※50 テレバンゲリスト
テレビ番組を通じて説教する伝道師。

スコパルもペンテコスタルも、どういう人もみんなどうぞ、みたいになっていて、地元の教会に行くのと別に、平日の夜とか、別な場所で、大きな駐車場のあるところに5000人、1万人と集まって、それで祈禱会や説教会みたいなものをもつ。音楽があったりアトラクションがあったり、要するにイベントですね。そういうところで、**擬似回心体験**[※51]みたいなものがあって、キリスト教ってこうじゃなきゃ！みたいに、みんな盛り上がるのです。そういうのが福音派の基本的行動様式です。

どの教会にも必ず少数の福音派がいるはずなんですが、その人びとが所属の教会で、福音派的に行動しているとは限らない。福音派的な行動や信条はどこで発揮されるかというと、巡回説教とか、メガチャーチとか、そういうところにぎゅーっと吸引されるのだと思うんです。

近くにメガチャーチがない、巡回説教も滅多に来ないという人びとはどうしているかというと、ケーブルネットワークに接続して、メガチャーチの説教をずっと聴いているのです。24時間、週7日、入れ替

※51 **回心体験**
キリスト教で、神のはたらきによって信仰に目覚める体験。

わり立ち替わりいろいろな説教をやっています。手かざしの病気治しみたいなちょっと怪しげなものから、ヒスパニック[※52]あり、エイジアン[※53]あり、黒人はもちろんありと、それぞれのカラーに合ったいろいろな説教者がいて、それぞれにカラーに合ったいろいろな説教をしているから、ファンになったらそれをずっと聴いて、献金をし、DVDセットを買って、本も買って（だいたい年に一、二冊出ます）。本を買って宗教活動というのはちょっと幸福の科学的ですが、そういうふうな感じですね。

島薗　サイズが大きい何千人もの教会は、中にいろいろなグループを作って、そこで集まれるようにしたりしている場合もあると思うのです。

劇場型という要素があるというのはおっしゃるとおりだと思いますが、その中で細胞的なグループ（セル・グループ／セル・ユニット）を作るということもある程度やっていると思うのですが。

※52　ヒスパニック
スペイン語を話すラテンアメリカ系の住民。

※53　エイジアン
アジア系の住民。

橋爪　細胞的なことをやっているのか、調べてみないとわかりませんが、小グループを作っているというのではないんじゃないか。もちろんスタッフは、ロックフェスティバルのようなものをやっているわけなので、受付とか誘導係とかそういうものは、きちんとしていると思うのですが。

島薗　砂粒のような個人が劇場に参加して、離れて行くという側面は確かにあると思います。別にいろいろな形で結集する場もあると思うのです。その中にはたとえばティーパーティのような政治的な運動（ティーパーティというのは税金問題が一番大きいのでしょうが）とか、中絶問題で共同行動をとるとか、中には学校を作るというのもある。つまり公立学校はちゃんとキリスト教を教えないから、自分たちで子どもを教える。公立学校だとできるだけPTAで発言するというようなことです。

ファンダメンタリストからもうちょっと薄いエヴァンジェリカルま

で、そういった様々な形で公共空間に影響を与える。単なる消費者とはまたちょっと違う性格を持っているのではないかと思います。

橋爪　そういうアクティブな面もありますが、それは所属教会を基盤にするのか、メガチャーチを基盤にするのか。メガチャーチは地域的に広すぎて、地域の活動はなかなかやりにくいように思います。

ミドルサイズのチャーチもあります。私がアメリカで泊まるアパートの近くにYMCA[※54]があって、体育館があるのですが、そこは毎週日曜日、ノンデノミネーショナル（無宗派）教会の集会所になっている。来ているのはあらかたハーバードやMIT[※55]の大学生です。若い大学生が寮で生活していて、友だちに一緒に行こうよと。でもエピスコパルに行こうとすると、うちはルター派だからとかで一緒に行けないんですが、ノンデノミネーショナルなら一緒に、友だちと行けるんです。

それで、ロックバンドが入ってて、歌手が何人か前に出て、イェーイとかやりながら、一時間くらいノリノリでずっと、集会が続く。説

※54　YMCA
キリスト教青年会。非営利公益団体で、国際ボランティアや宿泊施設の運営などを行なっている。

※55　MIT
マサチューセッツ工科大学。

教もあるけれども、とてもうまい説教が15分くらいあるわけですね。若いビートニク[※56]風のおにいちゃんがジーンズで出てきて、なんかラッパーみたいな感じですね。イエスがどうのと話をする。それがちゃんと大学院で神学の博士号を取った、立派な牧師さんなんですよ。ある意味あこがれのおにいさんでね、若いおにいちゃんおねえちゃんは、毎週そこに行くのを楽しみにしている。参加者は平均300人から500人くらいです。

島薗　サザン・バプティスト[※57]みたいなところは自由競争で誰でも牧師になれる社会です（もちろんバイブルカレッジとかには行かなければならないのですが）。そうすると、布教して身を立てるということが可能なので、そういうことにチャレンジするというのはひとつの大きな選択肢なのです。

小グループもたくさんあると思います。ストアフロント・チャーチ（storefront church）という、昔、小さな店だったものを教会に改造

※56　ビートニク
50年代の知的で反権威主義的な若者。

※57　サザン・バプティスト
バプティスト教会（※199参照）は19世紀半ばに奴隷問題をめぐって南部と北部に分裂。南部バプティスト連盟（サザン・バプティスト）と北部バプティスト同盟（アメリカン・バプティスト）に分裂した。

した、外から見て教会に見えないようなものもいろいろあります。そういうものから、メガチャーチという大きなものまであらゆるタイプがあるのではないかと思います。

今おっしゃったことで言うと、ペンテコステ派[※58]に典型的ですが、身体性が非常に重視されています。参加し、身体表現に加わる。歌ったり踊ったりということも入っています。

橋爪　ペンテコスタルは、黒人の教会を一度見に行ったことがあります。やっぱり、歌う、踊る。初めっから最後までずっとそればかりですけれど、そういう意味でとても身体性が強いですね。

島薗　あれはアフリカ系の文化がアメリカに浸透した。プレスリー[※59]もメンフィス出身なので、黒人の文化を子供の頃から知っていてそういうものの影響を受けて、ああいうものができてきた。キリスト教の中でも、アズサ・ストリート[※60]のリバイバル[※61]というものが1906年に起

※58　ペンテコステ派
頁190「ペンテコスタル」を参照。

※59　プレスリー
エルヴィス・プレスリー（1935〜77）。1950年代に登場したロックンロールのスター。

※60　アズサ・ストリート
アメリカ・ロサンゼルスのアズサ通り。1906年にここで聖霊運動のリバイバルが起きた。

※61　リバイバル
キリスト教用語では、敬虔な信徒の増加を伴う信仰運動のこと。信仰復興。

こり、これがペンテコステ運動の発祥で、黒人が最初に大きな役割を果たしたけれども、すぐに白人が入って来ます。

ですから黒人のペンテコステ教会もあるし、白人のペンテコステ教会もあるのですが、両方混じったものもあります。これは普通の教会では珍しいですね。

橋爪 黒人と白人が混じるのは珍しいですね。

島薗 ペンテコステだと混じれるというところがあるのでしょう。ペンテコステは国境を越えて広がっていて、今では西洋中心ではなくて、むしろ南北問題という枠組で言うと赤道近くから南が起点になるキリスト教の運動という点でも新しいと思います。

ヒスパニックとの関連で言うと、中南米はカトリック国だったのですが、かなりの割合でプロテスタント化していて、その中でペンテコステ派の果たす役割はかなり大きいですね。

〝新しい教会〟の影響力

橋爪　新しい教会はとても大事です。ローカルな伝統的な移民の教会は、本国由来のエスニックグループに固着しているから、ドイツ系のルター派なんていうと、ほかの人は入ってこないわけですよ。第二世代、第三世代になると、それでいいのかなと思うわけ。そこでたとえば、エホバの証人に行くでしょ。すると、入った途端に、人種とか何とかはいっさい関係なくなって、リセットされて、あなたはアメリカ人でエホバの証人の兄弟姉妹。**モルモン教**[※62]も同じようなところがあって、モルモン教に入った途端に、自分の所属していたエスニックグループとか何とかは全部リセットされて、モルモン教の兄弟姉妹になる。対等に、なるんです。すごい解放感があるのね。だからみんな教会を変わるのだと思います。

島薗　アメリカのキリスト教にはそういう機能があって、それはリバ

※62　**モルモン教**
1830年にアメリカ人のジョセフ・スミスが創立したキリスト教系の新宗教。旧新約聖書のほかにモルモンの書を聖典とする。

イバルという伝統が、グレイト・アウェイクニング[※63]という時代からあり、みんな一度はボーン・アゲイン[※64]（born again）を経験する必要がある。これはアメリカ文化のかなり基礎にあって、そういうボーン・アゲインのアメリカ人というのは恐らくあまり減っておらず、何十パーセントという割合で今もある。それがやはり政治的にはある勢力の基盤を作っていると思います。

でも全体としてアメリカのキリスト教徒の数は微減しているのではないかと思います。キリスト教の中でもカトリックの割合が増えていますし、イスラム教徒も仏教徒も恐らく増えている。これはダイアナ・エックという人が書いているように（『宗教に分裂するアメリカ』[※65]原著2001年／邦訳2005年／明石書店）、アメリカ全体の宗教が多元化しているということはあります。

それでもやはり政治的にはエヴァンジェリカルなキリスト教の影響力がすごく強いということがあります。これは共和党と結びついていることが大きいのですが。

※63　グレイト・アウェイクニング
1730年代に起こったアメリカ史における最初の大きな信仰復興運動（リバイバル）。大覚醒とも言う。これを第一次大覚醒とし、1960年代の第四次大覚醒まであるとする論者もいる。

※64　ボーン・アゲイン
霊的に生まれ変わること。自覚的キリスト教徒として新たな生に入ること。

※65　『宗教に分裂するアメリカ』
ハーバード大学の比較宗教学の教授である著者が、各種の宗教集団を抱えるアメリカ社会を分析する。

橋爪　メインラインの教会は微減というより、かなり減っていて、それから、エヴァンジェリカル（福音派）も横ばいかもしれない。ペンテコスタルだけが伸びているのかも。カトリックも、移民の関係で伸びている。

島薗　この流れで、イラク戦争に積極的だったネオコン（ネオコンサバティズム：新保守主義）とかブッシュのような大統領とか、強烈な攻撃性を持っている人たちが宗教勢力をあてにしていますね。これは世界の各地で見られます。つまり政治的経済的な**ヘゲモニー**[※66]を握ろうとする人びとが攻撃的な政治性を持った宗教勢力というものを利用する。そういう体制が、イスラエルとかアメリカにある。日本もかなりそういうふうになってきているのではないかと思います。

これは安倍政権のように**日本会議**[※67]とか創価学会をあてにする政権ができたことがひとつの転機と見てもいいかもしれません。

こういう流れは日本にも共通しているので、橋爪さんはイスラム復

※66　「ヘゲモニー」頁94を参照。

※67　日本会議　頁58を参照。

興と他の流れを区別されますが、イスラムの特殊性ということは見なければならないけれども、やはり共通の基盤があるのではないかというのが私の見方です。

6

現代社会に通底する宗教が持つ普遍性の意義

宗教とは情報処理である

橋爪　福音派[※1]とか、**ボーン・アゲイン**[※2]とか**リバイバル**[※3]とかは、結局、どういうことをしているのかと考えてみるとね、宗教とは広い意味で言えば、情報です。情報処理、なんです。情報処理をするときに、たとえば、神が重要だとか、イエス・キリストが重要だとか、**ムハンマド**[※4]が重要だとか、**コーラン**[※5]が重要だとか言うでしょ。情報処理のステップや優先順序についてある範囲の人びとが、共通のやり方を、いわば頭に組み込むわけですよ。そうすると、可能であったはずのそれ以外の、考慮しなきゃいけない複雑なステップを、はじめから取らないでいいことになる。自分の情報処理のエネルギーが大幅に節約されて、ある意味**レディメイド**[※6]の結論を、自分の結論にできる。

※1　福音派
頁97を参照。

※2　ボーン・アゲイン
頁199を参照。

※3　リバイバル
頁196を参照。

※4　ムハンマド
頁98を参照。

※5　コーラン
頁98を参照。

※6　レディメイド
既製品。オーダーメイドの反対語。

という意味で、防衛反応なのです。世界は、複雑すぎるんですよ。そして世界は、情報にあふれているんですよ。もしそれを、単独の個人として、勉強して、何が正しいかをずっと考え続けていたらね、すごい大変なんですよ。で、これはやりたくないし、できないんです。それをずっと自分でやっているとどんな感じの人になるかというと、たとえば**宮台真司**[※7]さんのようになる。

島薗　アッハ（笑）

橋爪　宮台真司さんはものすごくたくさんの情報や価値観や、たくさんの引き出しがあってね、その取捨選択とか、さまざまな可能性を、全部処理しながら、最適解をひき出すというのを実行して見せるわけでしょう。そうするとみんな、すごくうらやましいわけですよ。ああいうふうになったらいいな。野獣系で行こう。そうなのか、みたいな。だけど、自分でそれを追っかけるのは、すっごく大変だから、ある意

※7　**宮台真司**
（1959〜）日本の社会学者。首都大学東京教授。援助交際から思想、憲法、映画まで幅広い研究で知られる。著書『野獣系でいこう!!』など。

味、信者になってしまう。宮台さん自身はすごく情報処理をしているんだけれど、宮台ファンは情報処理を停止してしまうんです。こういう逆説がある。

福音派のほうもほぼ同じような感じで、福音派のリーダーとか宗教団体のリーダーとかは、相当情報処理に長けたひとで、複雑な世界に対してある程度単純な図式、見方を提供するのかもしれないけれど、それにくっついている人びとはおんぶに抱っこで、すごく情報処理が節約されている。

情報処理が節約されていると、前提から結論までが非常にすばやいのです。これが政治的に利用しうるんです。なぜならば、あるひと言からでも、投票行動で誰を支持するかがすぐ出てきちゃうから。ごちゃごちゃしないのです。

よくケーブルテレビに出てくる説教者の牧師に、ハギー（John Hagee）という人がいます。ハギーは福音派的に、ふつうに聖書を読解するんだけれど、イスラエル・ロビーの元締めなのです。年に一回ワシントンで全米イスラエル支援何とか大会みたいなのに、かなりの人数が集まって、みんなでイスラエルの旗を振ったりしている。聞いていると、なぜプロテスタントのグループが、イスラエルを支持しなくちゃいけないのかというと、聖書に、**約束の地**[※8]はユダヤ人のものだと書いてあるから。聖書に書いてあるから私たちはイスラエルを支持しなくちゃならない、終わり、みたいな、まったく単純な論理なんです。で、聞いてるひとはそれで納得している。これはある意味、ものすごい単純化でしょう。単純化して信仰を持っているぶんには無害なのですが、単純化してイスラエル支持になるなら、政治なんですね。すべての説教者がこうじゃありませんけど、ハギーっていうのはそういう人なのです。

だけど、イスラエルに関しては議論が分かれるけど、**共産主義**[※9]に反対するっていうことに関しては、福音派だろうと何だろうと、キリスト教系の教会って、無条件にそういう結論にならないかな。教会だけど**マルクス主義**[※10]もオッケー、っていうのは、たぶん**ユニテ**[※11]

※8　**約束の地**
旧約聖書に記された、神がイスラエルの民に与えると約束した土地。

※9　**共産主義**
頁21を参照。

※10　**マルクス主義**
頁19を参照。

※11　**ユニテリアン**
頁94を参照。

リアンだけだな。あとはクエーカー[※12]とか。そういうところは個々人の自由を最大限に尊重するから、マルクス主義者も来ていいよというふうだと思いますけど、そんな珍奇な教会はふつうないので。普通のキリスト教会だったら、どんな教会でも、マルクス主義には反対しますよ。

ということは、50年代、60年代には、アメリカの核武装とか世界戦略を支える国民的合意を調達するのに、アメリカのキリスト教会の役割は、非常に大きなものがあったと思います。

世俗主義者を敵視する人たち

島薗　現在、世界的には共産主義者というものが敵としての実在感を持たなくなっていると思います。代わりに世俗主義者――それはほとんど唯物主義者[※13]と同じですが――を仮想敵に捉える傾向があるのではないでしょうか。

※12　クエーカー
頁190を参照。

※13　**唯物主義**
精神や心の実在を否定し、真の実在は物質だけであるとする考え方。

進化論に対抗して、知性ある何かが生命を創造したとするインテリジェント・デザイン論を通そうとするというのは、あるタイプの福音派（エヴァンジェリカル）の重要なアジェンダですね。彼らにとって、唯物論、あるいは世俗主義に基づく教育とは違う教育をすることは、大きな目標になっています。

キリスト教の聖地エルサレムがあるイスラエルでいずれキリストが再臨するからイスラエルを支持する、という人は人口全体から見れば少数派ですが、キリスト教徒として世俗主義に反対するために団結する。そういう考え方はかなりの支持率を持っているのではないかと思います。

橋爪 ただし、アメリカの選択肢ってもう明らかに、福音派をはみ出して、世俗主義ないし自由のほうに行っていて、アメリカの三分の一は世俗主義的（あるいは反福音的）、真ん中三分の一は正統的穏当なぬるま湯キリスト教徒、残りの三分の一は福音派的、という分布じゃないかなと思うんですけれども。

リベラルといいますか、キリスト教から離れてもいい、という信念を持っている人は、どんな人たちかというと、まずフェミニスト。フェミニストって、ほとんどリベラルの固まりみたいで、聖書に反対しているわけですよ。フェミニストの人びとは女性の権利だからと、中絶を権利要求として掲げています。産む産まないは私が決める、みたいな。それから最近では、LGBT（レズビアン、ゲイ、バイセクシュアル、トランスジェンダー）の人たちですね。同性婚とか。あと、そのどちらとも関係ないけど、おれたちの好きにやらせてくれみたいな、音楽に夢中、絵に夢中、それから、スピリチュアルに夢中とか、アジアに夢中、クールジャパンに夢中とかもう、いろいろな人がいて、ひと口で言うと「勝手にやらせてくれ」なんです。

福音派って、人間が勝手にやるなんて罪深いことだと思っていて、勝手にやらせてくれ、がひとつ世俗主義の典型だとすれば、そんなのは人間の道じゃないって言っているんですよ。これはね、深いギャップだと思う。
中絶について議論するとね、アメリカでは世論が真っぷたつになってしまって、結論が出ないんですね。だから政治家は、怖くて口を出せない。
同性婚も、反対する人は多いけど、でも最近押し返して来て、半々くらいになってませんかな？　日本ではまだですかな。

島薗　アメリカの話ですか？　州によっていろいろでは？

橋爪　州によっていろいろ。というふうに、アメリカそのものを見るとね、福音派的な人たちは、マイノリティだという自覚があるんですよ。アメリカそのものが、世俗主義に乗っ取られてしまっている。だから、何とかしなくちゃという、被害者意識みたいな、防衛反応みたいな、強迫観念みたいなものがあると思います。
この状況は、ヨーロッパにはあんまりない。日本にも、福音派はない。日本でいちばん福音派的なのは……創価学会[※14]はちょっと福音派的なところがあると思います。

※14 創価学会 頁134を参照。

島薗 みな思い思いに別々のものに夢中になるという社会のあり方に対して、共通の連帯を構築しなければならないという意識があり、それがエヴァンジェリカルに行くわけですね。その図式でいうと、日本も愛国という共通の社会基盤を持って、それを乱すものとしての「サヨク」が批判される。そういう構図があると思います。

橋爪 創価学会が、愛国政権に足を突っ込んで連立しているから、そういうにおいもしないでもない。でも、本質的に考えてみると、「美しい日本」型の愛国主義と、イエス中心のエヴァンジェリカルズは、非常に違うものだと思います。愛国主義自身は、世俗主義です。

島薗 そこは私と考えの違うところなのですが。

橋爪　ナショナリズムは、世俗主義です。

島薗　それはヨーロッパ的な発想ではないでしょうか。**イラン革命**[※15]もイランという国家の再建にイスラム教の**シーア派**[※16]的なアイデンティティが作用していますし、明治維新も天皇崇敬が基盤にあります。つまり日本の今の愛国主義が戦前的なものへの回帰を含んでいるとすると、それは宗教的なものを持っているというのが私の立場です。

中国で言えば、孔子学院という海外の大学と提携した教育機関があり、ハーバード大学と中国を行き来していた**杜維明**[※17]のように、儒教こそ現代の公共哲学にふさわしいという理念を打ち出す「新儒家」が台頭したりしていますが、これが共産主義と調和されるものなのか、あるいは共産主義に取って代わるのか、いずれにせよ、国家レベルの精神秩序を重視しながら、世俗主義以降の精神文化を見ている。

東アジアにはある意味で共通性があって、中国、韓国、ベトナム、モンゴル、それぞれに国家を支える集団的アイデンティティがあり、

※15　**イラン革命**
頁167を参照。

※16　**シーア派**
頁79を参照。

※17　**杜維明**
（1940～）中国の新儒家（儒学を西洋哲学との関係のなかで現代的に解釈する思想家）のひとり。ハーバード大学教授。

ある種の精神的価値に基づいて社会的連帯を回復しようとしている。日本でいうと天皇と道徳教育ですね。そういう意味では、アメリカと日本は比べられる。

一方、外国人排斥の問題を見ると、アメリカでは人種問題や移民差別は根強いけれども、建前はしてはいけないことになっていて、表に掲げる政治勢力は少ないですが、ヨーロッパではムスリムや移民に対する排外主義が常に出てくる。日本の外国人排斥は中国や韓国に向けられたりしていますが、こういう形の国家的アイデンティティは、要するに外に敵を作ることが特徴です。あるいは外に加担して内を崩す者が国の中にいるというビジョンのもとに、外に対する敵意によって内側の秩序の再建を得ようとする。これと宗教との関わりは単純ではありませんが、宗教と民族が**冷戦**[※18]以後の今後の世界で難しい問題となることは間違いがない。

『サイゾー』[※19]**の連載**の題に掲げられている「人類の衝突」というのは、人間同士を区別する指標——宗教や民族、民族という言葉が適切かど

※18 **冷戦**
頁21を参照。

※19 **『サイゾー』の連載**
本書のもととなった連載は、『サイゾー』の2015年3月号から8月号にかけて掲載された。

うかはわかりませんが——を求めて、敵意の対象を探すような社会になっていることから起こっているともいえるでしょう。

宗教と普遍性について

橋爪　宗教は、普遍性を持っているのです。少なくともイスラムとキリスト教と仏教は、明確に普遍性を持っています。明確に普遍性を持っているということは、キリスト教もイスラムも仏教も、それ自身ではナショナリズムの根拠にならないということです。それ自身では国家を形成することができない。だから、ナショナリズムあるいは近代国家を形成しようと思うと、ヨーロッパだったら、政教分離というかたちでキリスト教と距離をとることができなければならないし、イスラムの場合は、政教分離ということはうまく行かないので、そもそも、国民国家というものを作ることはかなり困難なのです。

仏教を原理にして国家を作っている国は、ほとんどなくて、まあ東南アジアに少しあるかどうか、ですね。

日本も、ナショナリズムみたいなものを作るとして、仏教は原理にならないからということで、明治の、幕末維新の時に、仏教と政治権力を分離するということを相当真剣にやっているのです。仏教と分離できたものが、神道[※20]だということで、神道はナショナリズムの基盤になると考えたわけです。神道は、ユニバーサルではないからです。ここは認めます。ということはつまり、伝統的愛国的ナショナリズムというものを、戦後日本のユニバーサリズム（平和と民主主義と人権と国際社会への信頼どうのこうの）につなげようとしても、なんとなくただの世俗主義でうまく行かないので、「美しい日本」みたいなものに回帰して行こうと思う。そうするとどこに回帰して行くかというと、仏教と神道を分離して、神道と連続したところにナショナリズムを形成した、という記憶に戻って行くしかない。

そうすると、島薗先生がおっしゃっている国家神道[※21]というものも、わからなくはない。そういう側面もあると思うのです。ただね、これ

※20 神道
頁29を参照。

※21 国家神道
頁34を参照。

が、イスラムや福音派のような、宗教的復興運動なのかっていうと、だいぶ違う図柄だっていうような気がするのです。

島薗　**普遍主義**※22的な宗教がナショナリズムと原理的に対立するというのは、少し違うのではないかと思います。アメリカは民主主義を広めることを使命としており、民主主義の基礎はキリスト教だという理念があります。従ってアメリカのナショナリズムとキリスト教は重なり合う。

それからポーランドやアイルランドやカナダのケベック州といった抑圧された国民やマイノリティの社会では、抑圧された者の拠り所として教会が機能した歴史があります。キリスト教のなかにもそういう要素はありますし、仏教で言えばスリランカやタイやチベットでそういう要素が見られます。社会主義陣営の影響を受けましたが、また仏教に戻っていくという点ではモンゴルやブータンもそうです。

そして、歴史上仏教と国家も、決して相反するものではない。前に

※22　**普遍主義**
頁36を参照。

もお話ししましたように、これは私のひとつのテーゼですが、仏教は王権と深く関わって展開してきています。つまり、国家ということを大きなテーマにしている。

仏教の中には仏教的社会を目指す「正法」という理念があって、それはナショナリズムへとつながる。ダライ・ラマも普遍主義的な要素もありながら、チベットの独立あるいは自治を目標としている。チベットの仏教集団の中には仏教によるチベットのアイデンティティの復興ということが非常に強くあると思うのです。

日本でも創価学会を考えるときには、在家宗教家の**田中智學**[※23]が創設した**国柱会**[※24]という宗教右派的な団体をその前段階として見る必要がある。国柱会は明治20年代には明らかに仏教国家を目指していました。それがある段階から日本の国家体制の優秀性を強調する**国体論**[※25]を取り入れて、仏教と神道が習合したような思想へ展開していきます。田中智學のそういう動きは、**北一輝**[※26]や**井上日召**[※27]といった昭和初期のさまざまな体制変革思想家・運動家にも受け継がれていき、**石原莞爾**[※28]や**宮沢**[※29]

※23　田中智學
（1861〜1939）日蓮系の仏教運動者。1914年に国柱会を創立した。

※24　国柱会
田中智學が創設した日蓮系の宗教団体。日蓮主義に基づく国家建設を主張した。

※25　国体論
頁29を参照。

※26　北一輝
（1883〜1937）政治思想家。著書『日本改造法案大綱』

賢治にも影響を与えています。これらの運動はどこかで仏教に基づく日本の歴史的使命ということが考えられている。

このように日本では仏教的なナショナリズム、あるいは仏教に基づく政治参加というのは、かなりの影響力を持っている。靖国神社[※30]への国家関与に対する反対運動でも、キリスト教や仏教の批判が大きな影響力を持っています。今後日本では安倍政権のような排外的な要素を含み、戦前への回帰をモチベーションとするような愛国主義に対抗するものとして、キリスト教や仏教を通して養われてきた日本の精神文化の伝統が一定の意義を持ってくると思います。

今、書店に行くと、『正論』(産経新聞社)、『WiLL』(ワック)、『Voice』(PHP研究所)などの右系の総合雑誌や、韓国や中国の悪口を言う本が並んでいる。こういう状況をオウム事件と絡めて考えると、オウムでは学歴の高い人が宗教による時代の展開を夢見ていた。こういうことは大本教[※31]や田中智學が広がった時代にもあったことですが、その後の宗教運動はどちらかというと民衆運動的なものが多く、

※27　井上日召
(1887~1967)国家主義者。政治結社「血盟団」を組織し、連続テロ事件「血盟団事件」を起こした。

※28　石原莞爾
頁70を参照。

※29　宮沢賢治
(1896~1933)詩人、童話作家。作品に「注文の多い料理店」「銀河鉄道の夜」など。

※30　靖国神社
頁66を参照。

※31　大本教
頁159を参照。

知識人や高学歴層が大きな役割を果たすことはなかった。どちらかというと、30代以降の女性の横のつながりが宗教運動の基礎になっていて、頭でっかちの青年がイデオロギー的なものを抱えて社会の変革を考えるというのは、1980年代から90年代のオウム時代の特徴かな、と思います。

90年代のバブル崩壊後、そういうタイプの強力なアイデンティティを求める運動が宗教的な方面で挫折し、政治的というか対外攻撃的な方向に流れている。そういう見方をすることもできるかもしれません。

なぜ、カルト宗教は暴力性を持つのか？

橋爪　オウムの話が出ました。オウムはある程度高学歴という、メンバーの背景があるというのは、そのとおりであると思います。高学歴の意味なのですが、明治であれば、学歴そのものが貴重で、高等教育は本当にひと握りの人しか受けられなかったので、高学歴の人材って、必ず社会の中で場所を与えられて、期待されて、それにふさわしい見返りも与えられて、思い悩むということは少なかったように思うのです。

煩悶青年ていうのが出てきました。学校教育を受けたひとが煩悶青年になるんだけど、この内実を考えてみると、学校で教わる原理原則（自由とか、ヨーロッパ文明のいろいろな制度やロジック）と、自分の住んでいる村や町、親兄弟、友だちなどが生きている現実とが、あまりにかけ違っていて、自分の頭の中と自分の生活実態とが、距離がありすぎる。そうすると、自分が習ったことや頭の中で考えたことが現実なのか、それともそれは仮初めのものか。古臭い、伝統的な日本の社会が現実なのか。とにかく自分の居場所がない。自分の未来がない。こういう分裂が、煩悶の中身だったと思うんです。

煩悶は、しばらく働いたりするとだいたい解消する。学生であるあいだは煩悶するけど、働き始めるとだいたい治ってしまうのです。それは、高学歴の人が働くことは、見返りが大きかったから。

で、大学が大衆化していくわけです。高等教育がだんだんありふれたものになって、昭和30年ごろの大学の進学率は、だいたい10%あるかないかだった。戦前はもちろんもっと少なくて、数パーセント。戦後、大学がいっぱいできたんですけど、それでもまだそんなに大したことはない。

全共闘の1970年ごろになると、急速に拡大して行くけれども、高卒の人もまだたくさんいたわけで、大学に進む人びとは20%前後だったのではないでしょうか。

島薗　大学進学率は70年代の中頃にいったん40パーセント近く頂点に近づいて、その後下がりますが、今は50%代の後半にまでなっていますね。

橋爪　とにかく高等教育が普及するのに、日本は極めてわずかな時間しかかかっていない。教育過剰になるんですね。不本意進学とか、落ちこぼれ的な大学生も多いのですが、オウムに入ったのは、落ちこぼれ大学生というよりも、ふつうに進学競争に勝ち残り、むしろ大学院まで行ってしまったとか、そういう人びともいるのです。この人びとは、煩悶青年と違った意味で、一種の無重力状態みたいなところに置かれたんだけど、ひとつは大学教育が普及し過ぎて、大学教育にふさわしい処遇を社会が与えることができなくなった。文系なんかひどいもので、オーバードクターがごろごろいる。アメリカなんかはもっとひどいですけど。日本はそこまでひどくないものの、文系はどん詰まり。理工系も、大勢の修士号取得者などがいて、昔と違って、すぐ人生、開けないんですよ。こんなもんでいいのかという思いが吹き溜まるんです。下の方ならあきらめがつくんですけれど、ここまで頑張ったのに、自分は能力があるのに、という思いがまず、**オウム真理教**[※32]のひとつの基盤になっていると思います。

つぎに、オウム真理教と福音派とは、同じか違うかですが、私は違うと思います。

※32　**オウム真理教**
頁58を参照。

オウム真理教、あるいは仏教系の新宗教の、基本的なあり方は、瞑想なのです。瞑想というのは、自分に内在していろいろ考えて行くんだけれど、言葉を発しないのです。言葉を発しないで、いろいろな情報を吸収して、自分の意味世界を構成するということを、主にその中身とする。座っているだけ。パフォーマンスもしますが、基本的に受け身なんです。

福音派は、何をするかというと、最初から最後まで、言葉です。説教師が言葉をしゃべって、福音を宣べ伝え、聖書について解説する。聖書も、本です。もちろんイエスは生身の人間で、本を超えたものなのですが、それについての証言は文字になっていて、それは繰り返し読まなくちゃいけなくて、説教でも繰り返されて、それでもしスモールグループがあれば、そこで信仰について述べたり、話しあったりする。

祈りは瞑想じゃない。祈りは、言葉にするのが原則です。つまりコミュニケーションなんです。コミュニケーションだから、メガチャーチのように何万人でも、ネットワークを組んだりどこまでも広がって行くっていう感覚を持つことができて、孤立はしない。

オウム真理教は、大勢で修行をしているけれども、基本的に孤立しているのです。そして孤立しているという状態を、他者に理解できる言葉にして説明しないし、できないんです。ここが非常に違います。

じゃあなぜ、暴力性に結びつくかというと、自分の孤立した精神世界と、外界にリアリティとしてある世俗世界とが、違う。どっちが正しいか、という問題になる。もし外界の世俗的な秩序（株式会社とかマーケットとか、政治とか）が正しくて、自分の精神世界がそこから乖離し、遊離していてリアリティがないのだとしたら、宗教は続けられない。そこで、人数は少なく孤立しているけど、自分の精神世界が正しく、外界は間違っていると考えなければいけない。外界が間違っていることを、どうやって証明するか。それは、外界を攻撃し、彼らが考えを変えなければならない。それはアタックを含むっていう、こういう構造になっていると思うんです。

キリスト教系の宗教もさまざまに攻撃行動をとりますけれど、オウム真理教とは違う。オウムの場合は、オレの思うようにならない世界は間違っている、けしからん、というリアクションなのです。これほどナイーブで短絡的な暴力行動は、キリスト教系にはないと思います。

島薗　カルト問題の歴史でいうと、1970年代終わりに**人民寺院**[※33]の事件がありましたが、このメンバーは階層的にあまり高くなかった。ところが、その後、80年代に**ラジニーシ**[※34]の教団がトラブルを起こしたり、**統一教会**[※35]が問題を起こしたりしました。また現在の先進国のイスラム教徒でIS（イスラム国）に入るような人たち、これらとオウムに入った人には共通項があるとみていいと思います。比較的、学歴が高い人がかなり加わっています。

この時期から後、そして21世紀の宗教運動で気になるのは、かなり政治的な側面が目立つことです。例えば現在の**幸福の科学**[※36]は政治性を持ち、自民党右派のもうひとつ右に位置するようなスタンスを取って

※33　人民寺院
アメリカのキリスト教系新宗教。1956年にジム・ジョーンズによってインディアナ州に設立され、南アメリカのガイアナへ集団移住。集団自殺を指示し、914人が死亡した。

※34　ラジニーシ
バグワン・シュリ・ラジニーシ（1931〜1990）インドの宗教家、神秘思想家。

※35　統一教会
世界基督教統一神霊協会。韓国で文鮮明によって1954年に創設されたキリスト教系新宗教。

いる。

ＩＳに入る若者たちも、政治的な実効性を狙って加わっているのでしょう。世界各地で、宗教的右派のような勢力が、政治的な実効性をにらんだ方向に向かっている。それは別の見方をすれば、今の世界の資本主義経済秩序の先行きが危うくなっていることの反映だともいえる。秩序構築の展望が欠如している国際社会への絶望感から、他者排除の動機が強まっています。今後世界の政治秩序をなんとか回復するビジョンをグローバルな市民社会が取り戻していき、こういうタイプの対外攻撃的な宗教勢力は収まっていくと期待したいのですが。

※36 幸福の科学　頁58を参照。

戦後日本の精神状況

橋爪　そういうエネルギーをかきたてるような、**ルサンチマン**[※37]の源泉が解消して行くのが、まっとうな正攻法だと思うんですけれど、いくつか言うとすると――。

※37 ルサンチマン　哲学者のニーチェが使用した概念で、弱者が抱く恨みや妬みの感情。

まず戦後日本の、いまの精神状態を、どういうふうに見るか。補助線として、北一輝の『日本改造法案大綱』（1923年）を見てみると、戦前の日本には相当の不平等感、不全感、不当感が、教養のある人ない人にすべて、分け持たれていて、それを最も強力に論理的に表現したもののひとつが、北一輝の『日本改造法案大綱』だったと。

これはまあ、憲法改正案なんです。私はそれを高く評価するんだけれど、その基本は、彼は、**リベラリスト・ソーシャリスト**[※38]みたいな立脚点があって、ソーシャリストではあるんですが、それ以前にまず、リベラリストである。人間は、平等で自由でなければならない。自由の源泉は、私有財産である。私有財産がなければ人間は自由になれないのだから、自分は共産主義には反対だ、と言う。共産主義って、私有財産を奪うんですよ。そうしたら、強力な国家の前に、個人の自由は踏みにじられるはずである。自分は**自由主義**[※39]を擁護し、私有財産権を擁護する。その上で何を是正するかというと、大地主、財閥、富の不平等、権力の不平等、こういった社会資源の、市場経済では修正で

※38　**リベラリスト・ソーシャリスト**　リベラリストは自由主義者。ソーシャリストは社会主義者の意味。

※39　**自由主義**　頁21を参照。

きない不平等に関しては、天皇大権を使って、緊急措置として憲法を停止し、新しい憲法を作らなければならない。こんなふうなことが書いてあるんですね。

敗戦を境に日本が、軍事占領されて、軍政が布かれた。超憲法的に軍政が布かれたのだから、いわば戒厳状態ですね、戦後の連合軍[※40]の占領は。戒厳状態のもとで超法規的に、日本国の民主化、自由化が図られた。地主は土地を取り上げられ、財閥は解体され、戦前のルサンチマン（右翼的暴力主義）の源泉を取り除こうという外科手術が行なわれた。外科手術の中身はほぼ、北一輝が考えていたことと同じなのです。そして、リセットされた戦後日本がそこから出発した。日本の人びとはそこに大きな希望を見た。多くの人命や財産が失われたけれども、もう落ちるところまで落ちて、あとは自分たちの努力でこの社会を、大きくよりよいものにして行けばいいのだ。自分たちには人権があり、自由があり、民主主義があり、憲法がある。国際社会の支持もある。こういうふうに、思うことができたわけですよ。それで元気を

※40　連合軍
頁65を参照。

出して、高度成長で、まあ戦後の日本というものを作ってきた。

この原点——透明で国際主義的で普遍的な、だけど戦後日本ナショナリズムの、原点——みたいなものは、玉虫色なんですね。見る角度によって、いろいろに見える。リベラリスト的、戦後民主主義者的に見ると、ナショナルな要素——天皇の要素とか、国粋主義の要素とか、歴史の要素とか——というのは極力小さく見積もって、それで、世界基準で普遍的な価値を信奉する日本、と見えるものを高く評価する。戦後民主主義的知識人みたいな人びと。これはだんだん化けの皮がはがれて行ったというか、ものごとの一面しか見ていなかったから、信頼性を失っていった。

代わって、俺たちは負けて占領されて、反米だとか、アジアは威張るなとか、なんだとか、そういう心情ナショナリズム（なんちゃって保守主義）みたいなものが、じわじわと勢力を持ってくる。それは、戦後日本が始まるとき、何か抑圧されてコンプレックスがあって、何かを隠していて、鬱屈していて、それが無意識の中で、出口を求めて

※41　ポツダム宣言
1945年7月26日、ベルリン郊外のポツダムで、アメリカ・イギリス・中国・（のちにソ連）が発表した日本に対する共同宣言。戦争終結と日本の無条件降伏を求めた。

※42　ポツダム宣言に関する質問
共産党の志位和夫委員長の質問に対し、安倍首相は次のように答弁した。「このポツダム宣言を我々は受諾をし、そして敗戦となったわけでございます。そして、今、私もつまびらかに承知をしているわけではございませんが、ポツダム宣言の中にあった連合国側の理解、例えば、日本が世界征服を企んでいたということ等も今御紹介になられまし

だんだんふくれ上がってきているという側面がある。
というのが、最初にちょっと言いたいことです。

それで、安倍政権について。先ごろ（２０１５年５月20日）議会で、共産党の議員が**ポツダム宣言**[41]の一節を引いて、それについてどう考えますか、と**質問**[42]した。日本はそれを受諾して、戦後日本として出発したはずではないかと。**サンフランシスコ講和条約**[43]と日本国憲法とポツダム宣言と**カイロ宣言**[44]と、これらは日本の対外公約であり、日本のどんな政権であっても、日本のどんな国民団体であっても、必ずこれに立脚しなければならない文章のはずでしょ、という質問をしたのです。そうしたら、よく読んでいないからわからない、と安倍首相は答えた。本当によく読んでなかったのかどうだかわからないけれど、ここには、読みたくない、そういう過去のことは忘れたい、という深い抑圧感や不快感のようなものが隠れていて、それが安倍流「美しい日本ナショナリズム」の、エネルギー源になっている、ということが見て取れる。

もし、安倍流ナショナリズムみたいなものに、国民のかなりが心の

た。私はまだその部分をつまびらかに読んでおりませんので承知はしておりませんから、今ここで直ちにそれに対して論評することは差し控えたいと思いますが、いずれにせよ、まさにさきの大戦の痛切な反省によって今日の歩みがあるわけでありまして、我々はそのことは忘れてはならない、このように思っております」

※43　サンフランシスコ講和条約　頁65を参照。

※44　カイロ宣言　1943年11月、アメリカ・イギリス・中国がカイロで会談し発表した宣言。日本に対する無条件降伏の要求や、日本が中国から奪い取った領土を返却することなどを含んでいる。

どこかで声援を送っている部分があるとすると、彼らはやはり、戦後日本の出発点を忘れたいと思っている。こういうふうに、観察するわけですね。

これはやや危険なことで、これがどういう意味を持つのかということは、またゆっくり考えたいと思いますけれど。

島薗 それは結局、押し付け憲法論につながっていきますが、とにかく戦後の進歩的文化人をリーダーとする形で通用してきた理念になじみが持てなくなっているということですね。これは１９６０年代終わりの学生運動の時期でも、すでに戦後民主主義批判ということで**革新**[※45]側にも広がっていきました。民主的な平和国家というけれども、**ベトナム戦争**[※46]にたっぷり加担しているという議論は私たち団塊の世代にとってはなじみ深いものでした。

一方で、戦後に得てきたものがとても大きいという実感も、私たちは持っています。経済成長や市民的自由の獲得、消費文化の拡大とい

※45 革新
保守に対して従来の制度を新しいものに変えようとする層。右派に対する左派と重なることが多い。

※46 ベトナム戦争
１９６５年から75年にかけて、北ベトナムと、南ベトナムの間で行なわれた米ソの代理戦争。

ったことが平和によってもたらされ、その背後には平和憲法がある。国際的な欧米先進国の秩序に近づいていくという目標によって、ここまで来られた。

ところが、ここに来て、その恩恵を受けてきたという感覚がどんどん弱まって、潜在していたルサンチマン的なものがますます大きくなってきたということではないかと思います。

それを超えていくにはどうしたらいいのか、ということを考えなければいけない。ところが、戦後何を学び何を得てきたのか、についての自覚的な反省が弱いのではないでしょうか。

そもそも、なぜ我々が日本国憲法を是とするのかについての自覚化も、うまくいっていない。敗戦の意味をどう捉えるかについても同様です。それはアメリカが戦後検閲などで、そのように仕向けたということもあります。

何がまずかったのかを自身でしっかり考え直すよりも、アメリカの意思に沿って共産主義に対抗する自由主義陣営に属すという方針が先にある。そのため、天皇制を維持し、天皇の戦争責任は問わないことが非常に早い段階で決定された。国家神道的なものをどう組み替えるかということについても、ほとんど国民の討議や思考は反映していないと言っていいです。

だから、東京裁判[※47]が批判されることはあっても、日本の体制のどこがどのようにまずくて日本を破滅させるような戦争に導いたのか、についての自覚化も十分ではなかった。それは世代を超えて伝わっていない。こういう問題が大きいと思います。

※47　東京裁判　頁71を参照。

戦後知識人の功と罪

橋爪　戦後知識人の、どこがおかしかったか。言っていることがまともかまともじゃないかということ以前に、ペテンがある。どこがおかしいかって言えば、結局、アメリカの権力を背景に、アメリカの権力などないかのようにものを言っているのです。右翼やら何やらはみんな片づけてもらった。それで、自由だ、民主主義だ、平和だって言い回るが、自分の力で戦後の秩序を作ったわけじゃなくて、それを仕切ったのは全部連合軍・アメリカじゃないですか。それを追い風に、言いたいことを言っているだけですよ。それで、たまにはアメリカのことを批判してみたりする。おまえはマルクス主義者、社会主義者なのか？　本気でそういうことをやる気があるのか。そんなやる気なんかまったくない。

で、マルクス主義にコミットしている学生たちは、戦後民主主義者が本気で革命にコミットすることなんかありえないと思ったので、これは階級の敵であると、明確に反対する。いっぽう自由主義者、資本主義者の側から見るならば、彼らは隠れマルキストでね、力もないくせに批判的なことばかり言って、社会のゴミである。無視してやる。こういう態度で臨む。

ジャーナリズムの中では、戦後民主主義者しか、戦後知識人しかいないから、彼らは20年間にわたって、ヒバリのように鳴き続けたけれども、国民に対する信頼性や影響力はなかったと思います。

　そこで消された知識人がいる。北一輝。**大川周明**[※48]。虚心に読んでみると、戦後知識人よりずうっとましだ。彼らにはペテンがない。きちんとものを考えて、自分の頭で結論を出している。もちろん批判すべき点はある。だけど、批判に値する。戦後知識人はほとんど批判に値しない。どっかに書いてあることを言ってるだけだから。オリジナルな人もかすかにいるけど、そのオリジナルな点において間違っている。というふうに私は観察するわけです。

　じゃあ、戦後知識人を批判した人たち、たとえば**吉本隆明**[※49]とか、まあいろいろな人たちがいるんだけれど、彼らはまともで、戦後日本社会を支えるまっとうな正当な議論を提供しているかっていうと、そういうわけでもない。

　じゃあ安倍首相みたいな、あるいは小泉首相みたいな、政治的立場やスタンスを支える言論や哲学みたいなものがあるかっていうと、サブカルレベルになっちゃう。**小林よしのり**[※50]とか、新しい歴史教科書を

※48　大川周明
頁90を参照。

※49　吉本隆明
（1924〜2012）思想家、詩人。著書『言語にとって美とはなにか』『共同幻想論』など。

※50　小林よしのり
（1953〜）漫画家。作品に、『ゴーマニズム宣言』『戦争論』など。

つくる会とか、何だとかって。そういうもの以外にあまりないのです。一番真面目な人で西尾幹二[※51]さんとかね。とても手薄。

どういう作業が足りないかって言うと、たとえば、戦後の体制を擁護しようと思えば、実は戦前の体制を擁護しなかったら、擁護できないんですよ。戦前の体制を擁護するってどういう意味かと言うと、戦争で亡くなった300万人の将兵。戦争の指導者を批判する権利が最もあるのは、その指導者の命令で戦地で命を落とした人たちじゃないですか。彼らは死んじゃったから、告発ができないんですよ。レイテ[※52]、サイパン[※53]とか、ああいうところで眠っている。靖国に入ったけれども、正しく祀られることもできない。それから、その人びとの中には自由主義者も社会主義者も国粋主義者も、いろいろなひとがいたはずなのですが、その人びとは、発言の機会も与えられないまま死んでしまい、「かわいそうな犠牲者」とか、「愚かな軍国主義者」とか、そういうくくりになって、ひと言で片づけられて歴史の片隅に眠っている。こういうことを放っといて、戦後がまともになるはずがない。

※51　西尾幹二
（1935〜）評論家。思想家。「新しい歴史教科書をつくる会」の設立に携わる。著書『国民の歴史』など。

※52　レイテ
フィリピンのレイテ島。1944年10月20日から1945年5月まで激しい戦闘が行なわれた。

※53　サイパン
1920年から日本の委任統治下にあり、1944年激戦地となった。

だからもう一回、日本の歴史の筋を一本通してみるように、考えていく。アメリカの権力をどうこうするなんてことはできないです。大きな権力があれば、それを無視できないし、従わざるをえないし、前提にせざるをえない。だけど、ものを考えるときに、自分をだましてはいけないいんだ。自分をだましてものを考えるっていうのが、戦後の一番まずい点だと、私は思う。

島薗　戦後の知識人にもいろいろな人がいて、無残な死に方をした人のことを思いながら、何が日本の文化に欠けていたかという反省をしていった人も少なくなかったと思います。

大雑把に進歩的文化人というレッテルでくくられてしまうことはありますが、それぞれの学者、知識人、あるいは市民がやってきたことのなかには、そういう日本の歴史を踏まえて新しい道を踏み出すための努力がたくさんありました。

例えば、『戦艦大和ノ最期』[※54]（講談社文芸文庫）などを書いた作家で

※54『戦艦大和ノ最期』
吉田満著。講談社文芸文庫・1994年。初刊行1952年。

※55『苦海浄土』
石牟礼道子著。講談社文庫・1972年。初刊行1969年。

※56　水俣病
熊本県水俣市を中心に1953年から発生した公害病。しびれ・言語障害などの中枢神経系の異常を引き起こした。

※57　東電福島原発事故
2011年3月11日の東日本大震災によって起きた福島第一原子力発電所の事故。

※58　原田正純
（1934〜2012）医師。患者の立場に立った水俣病研

銀行員の吉田満の仕事は、戦争で死んだ人たちの思いをどのように戦後の自分の生き方と照らし合わせていくかという問いにあったと思いますし、戦後文学には深みをもった多くの作品があります。

また、『苦海浄土』[※55]（講談社文庫）などの作品で水俣病[※56]の問題を通して戦後日本社会の嘘の根っこを問い直した石牟礼道子の仕事もあります。東電福島原発事故[※57]が起こって、水俣病での原田正純[※58]さんや反原発運動の高木仁三郎[※59]さんのような人の大きな仕事の意味も見直されることになりました。

それからシベリアに抑留された人たちの中には、ソ連の体制を批判しながら日本の体制の弱さも見抜く仕事をした高杉一郎[※60]とか石原吉郎[※61]のような人もいる。そういう反省と、たとえば丸山眞男[※62]や竹内好[※63]や鶴見俊輔[※64]や吉本隆明といった人たちがやってきたことの中には、それぞれ対応するところがあると思います。

だから、我々が次の世代に伝えるべき資源というのは、戦後の中にもたくさんあった。そして橋爪さんのお話の中で大事なのは、それが

究を行なった。著書『水俣が映す世界』

※59　高木仁三郎
（1938～2000）物理学者。著書『原発事故はなぜくりかえすのか』

※60　高杉一郎
（1908～2008）評論家、翻訳家。著書にシベリア抑留体験を書いた『極光のかげに』など。

※61　石原吉郎
（1915～1977）詩人。シベリア抑留の体験を詩やエッセイとして書いた。

※62　丸山眞男
頁47を参照。

※63　竹内好
（1910～1977）中国

うまく伝わりにくい枠組みがあるということです。これは、冷戦下でアメリカの保護国のような位置に置かれた日本のあり方を自覚化することが非常に難しかったということでしょう。

ですから、さきほど右派の思想がサブカルチャーレベルになるという話がありましたが、それはさかのぼれば江戸時代の国学[※65]や水戸学[※66]といった思想の傾向を引いているし、日本の古代にできた天皇国家の体制を明治維新で復興させようとして出てきた問題は、戦後も引き継がれていると私には見えます。では、しっかりした知的土台をもった思想はというと、西洋由来のものを超えて、日本の思想伝統に接続するというところがたいへん弱いです。

先ほどの橋爪さんの話は、学生運動が盛んだった1968年[※67]の私たちに帰ったかのような戦後知識人批判です。私もその心情は一時共有していましたが、今はそこまで全面的に批判する気にはならないというか、それを批判している私たち自身も、そんなに確かなものを持っているわけではないと思うのです。

文学者。魯迅を翻訳・研究するほか、日中関係や日本文化について評論活動を行なった。著書『日本とアジア』

※64 **鶴見俊輔** 頁141を参照。

※65 **国学** 頁41を参照。

※66 **水戸学** 頁41を参照。

※67 **1968年** ベトナム戦争が激化したこの年は、世界各地でさまざまな社会運動がピークを迎えた。

橋爪　もちろんです。

島薗　戦前から戦後に引き継ぐべきものを、もっと多面的に考える必要もあると思います。北一輝や大川周明という例はやや特殊な感じがしたのですが、そのほかにはどのようなものを考えていらっしゃるのでしょう？

橋爪　もちろんいろいろな人がいます。
　まず第一に、国学や水戸学は、サブカルレベルではなく、立派なものだと私は思っています。それは同時代性もあるし、日本の近代化を準備したという意味で非常に大きな立派な仕事であると思うんですね。ただそれが、明治維新を進める中で、**王政復古**[※68]というので、天皇をシンボルにした。しかもシンボルにする仕方が、なんと言うか、まあ「神道的」にやった。手っ取り早かったのですが、近代国家としての大きなマイナス点を、残してしまった。その遺産処理に、ずいぶん時間が

※68　**王政復古**
武家政権から天皇大権に復帰したこと。

かかり、結局大きなエラーを起こしたわけで、それはひとつ大きな問題だと思います。

戦後に関して言うと、吉田茂[※69]とか、岸信介[※70]とかという人びとがいる。彼らは戦前、それなりに公職にあった人びとで、戦後のシステムを切り盛りした。岸信介は、自主憲法制定国民会議の言い出しっぺで、その昔は満州国の革新官僚として、満州国の基本設計や経営に携わり、開戦時の商工大臣[※71]で、東條内閣の一員であり、戦後は公職追放[※72]にあったけれども、復帰した後、日米安保条約[※73]の改定をしている。安保改定は国民の支持、特に革新勢力の支持が得られなくて、すごいことになったんですけど、しかし彼は頑としてそれを譲らず、保守政権の命運を賭けて安保改定を果たしたと。冷静に考えてみて、日米安保条約は、日本の繁栄と存立の基本条件を作り出したものである。ま、最初は安保条約は、サンフランシスコ条約とセットだったから、選択の余地はなかったけれども、岸信介政権のときには選択の余地のある案件だった。彼は、自分の不名誉や不人気や、すべての政治的資源を賭けて、

※69　吉田茂
（1878～1967）政治家。戦後長く首相を務め、サンフランシスコ講和条約に調印した。

※70　岸信介
（1896～1987）政治家。1957年から1960年まで首相を務め、日米安保条約を締結した。安倍晋三首相の祖父。

※71　商工大臣
商工省の大臣。商工省はのちの通商産業省（通産省）。

※72　公職追放
1946年1月にGHQの指令により、議員・公務員・政財界・言論界の指導的地位から、軍国主義者・国家主義者とされた人が追放されたこと。

安保改定をやり遂げたということで、見上げた政治家だと思っています。当時、私が学生でいたとしたら、当然反対していましたが、それとこれとは別です。最後は誰かに刺されたりもしましたが、少なくとも政治家の志は全うしていると、私は思うのです。

その流れを安倍さんはひいていますから、何となくそれを意識しているのでしょう。

日本人は何を生み出したか

島薗　橋爪さんは、日本の精神伝統の基調に普遍主義的なものの弱さがあり、そのことと戦後の反省が不十分なものになってしまったことが、関わりがあるという認識を持っているのだと思います。

たとえば北一輝の主張は日蓮宗的な仏教に支えられるようになりますし、大川周明も儒教とキリスト教が組み合わさった性格を持った道会に入会し、またイスラムにも惹かれています。宮沢賢治の作品の奥

※73　日米安保条約
1951年調印。60年に改定。70年以降は1年ごとの自動継続となる。

深さも法華経抜きには理解できないです。そして戦前も戦後も、知識人におけるキリスト教の影響は本当に大きいですね。

ですから、近代化の過程である程度身につけた普遍主義的な思考様式が世界的な規模で瓦解していき、戦後民主主義批判以後の段階では、それに代わるものをどう考えるかということが問われていると思います。それでは、戦後進歩主義批判者たち——それは私たちの世代ということになるかもしれませんし、吉本隆明や江藤淳[※74]以後かもしれませんが——が近代の理念に代わる何を持ち得たかというと、それは非常に頼りないものではなかったかと思うのです。

例えばいま橋爪さんが挙げた戦後の政治家にしても、武士的なものや儒教的なもの、あるいは近代の知識人のエリート意識の基盤に、ある種のビジョンや責任意識があったと思うのですが、それらを培う基盤がいま非常に弱くなってしまっている。

そういうなかで、人間としての幅や気骨を感じさせる政治家が少なくなってきている。こういうことをどう超えていくかが、今後我々は

※74 江藤淳（1932〜1999）文芸評論家。著書『漱石とその時代』ほか。

どのような思想を持って生きればいいか、あるいは今後の人類の文明のあり方はどうあるべきか、ということにつながっていくのでしょう。

橋爪　吉本隆明という人は、両面あると思うんですね。アンチ戦後知識人みたいな戦後知識人なんですけれども、いい点は、ほかの人からのカット・ペーストがないということです。一次資料――彼はあまり外国語ができないから、日本のものなんですけど、まず文学者であるから、文学作品については全部――一次資料にあたる。その上で彼は批評家ですから、そこから取り出せる意味を残らず取り出してきて、時代診断をしていく。サブカル系のものだって、たくさん素材にとりあげているでしょう。それはとても新しいスタイルだし、大衆の深層心理を明らかにする手法で、普通の文学作品も全部読んでいるし、明治のもの、それから平安とか、もっとさかのぼって古事記、日本書紀、万葉集とか、そういうものもいちおう全部読んでいる。あとまあ**柳田**[※75]とか、民俗学とか、さまざまな日本国内の知的伝統に関して、それを

※75　柳田
柳田国男（1875〜1962）民俗学者。農政官僚。日本各地を調査旅行した。著書『遠野物語』ほか。

総集するような、オリジナルな仕事をしているんです。それは、日本人が必ずそれを通らなければ、自分たちの過去に手が触れられないような、そういう基本的な研究であると思います。

で、世界思想との同時性というのもあって、冷戦期、マルクス主義が、ある範囲の知識人に決定的な影響力を持っていたときに、本当にそうかと、さまざまな疑問符をつけ、マルクス主義の問題点や誤った呪縛力を解き放つために、最大限の努力をし、やれることはだいたい全部やった。

ということで高く評価するんですけど、もし問題点みたいなのがあるとすれば、彼は決して、権力の側に立とうとしなかったことです。これは、潔いんだけれども、ある意味、限界になっている。自分で、このシステムを支えたり、人びとの生活に責任を持ったりってことをしない。社会、公共というのは、そういうことをしていてね、人びとの生存の条件をつくり出すんだけど、生存の条件を作り出すのは、経済の側だったら資本家どうぞ、政治だったら自民党どうぞ、みたいになっていて、決して彼はそこにコミットするっていうことをしないから、吉本を読めば今後日本国は大丈夫、っていうふうになってないわけですよ。良心的にものを考えるとはこういうことだと、学ぶところが大きいけれども、しかし、共同世界をつくり出すという哲学や原理や何かが見つかるわけではない。少なくとも吉本さんに批判されないようにしなければならないという意味ではとてもいいんだけど、吉本さんを学べば解決する問題ではない。これが、ま、欠点です。

こういうタイプの優秀な知識人しか、なかなか見つからない。体制派の人たちはだいたい、カット・ペーストか、自分の中の何かをだましつつ、人をだますことをしゃべってるみたいに、私には見えます。

島薗　私は吉本隆明の書いた文学論、特に作家論は、現代的な分析をしながらその人の実存的なあり方を掘り下げていて、素晴らしいと今でも思っています。

しかしその手法で社会の分析や日本の歴史を捉えようとすると、急に危うくなる。一番納得できないところは宗教論です。ある時期から親鸞[※76]一辺倒になって、独断的になっていく。彼は文学から得た洞察を社会につなげるためには宗教理解が必要だと感じていたと思うのですが、そこがうまく展開できていない。

これは戦後の日本の多くの学者や知識人の状況も同じなのです。知識人がキリスト教の影響を強く受けていた段階から、それに代わる普遍主義的な宗教や思想を思い描くことが必ずしもうまくできていない。他方で宗教的伝統を受け継いできた人たちは、この現代人の方向喪失を正面から受け止められないでいる。

これはこの対談のテーマそのものでもあるのですが、世界における日本の宗教や思想文化のあり方を考え直し、それと日本の近代史との関係を捉え直して、私たちの先行きを照らすことが必要なのではないでしょうか。

橋爪　そこのところはたいへん同感します。

※76　親鸞
頁159を参照。

ひとり、戦後に知識人として仕事をした人で、宗教との関係を掘り下げた人として、山本七平[※77]という人を私は重視しているんです。

自分の体験から、戦前のシステムの問題点、日本の陸軍の問題点、それから戦後にも継続している日本の組織の問題を、ずっと追いかけて行って、それを病理だと分析しているんだが、その補助線として、キリスト教、ユダヤ教、欧米の宗教原理のようなものを、相当深く織り込んでいるという点で特異だと思います。そういう人はあまりいない。そこから汲み取れるものも多いと。

ただ、島薗先生が最後におっしゃった大事な点で、私が感じていることを言うと、日本の政治に責任を持っているのは、政治に携わるさまざまな当事者たちであり、日本の経済や物質的条件に責任を持っているのは、ビジネスリーダー、実業界の人たちであり、それから、国民生活の条件に責任を持っているのは、公務員、行政に携わる実務の一線に立つ人たちである。彼らが私たちの社会や国家や生活の、歯車を回していて動かしているのだけど、私の感じはみんな、おっかなび

※77　山本七平
（1921〜1991）評論家。著書『「空気」の研究』ほか。イザヤ・ベンダサンの筆名でも著作を残している。

っくりです。自信がないんです。ある程度の原則はあるんだけど、その原則がどういう根拠に支えられているかって、自分で全部考えたり確かめたりする、そんな暇はないんです。忙しいし。その時に何を思うかというと、自分が拠って立つことができる政治哲学はないのだろうか、ビジネスの原則はないのだろうか、法律を支える法哲学はないのだろうか、実務原則はないのだろうか、価値観はないのだろうか。こういうことを悩みながら、応急措置として、その場その場で仕事をしているわけです。

さて、日本の知識人といわれる人たち。誰がどういうことを考えて、誰の考えたことが素晴らしく価値があり、そこから何を汲み取って、今どういうことをすればいいのかということを交通整理する、情報整理の達人のような人びと。そういう人びとがやらなければいけないことは、政治の一線に立つおっかなびっくりの政治家たち、ビジネスの一線に立つおっかなびっくりのビジネスマンたち、それから行政や法律、あるいは家庭でね、子供を育てたりするいろいろな人びとに届く、ある程度、ちょっと読めば参考になり、深く読めばなるほどと思えるような、そういう知を与えていくことだと思うんです。

こういうふうなことができてない。なぜかというと、そういう責任が自分たちにあると思ってないからです。

未来へと至る哲学

島薗 ビジネスパーソンや政治家たちがものを考えるときの拠り所となる哲学的な価値観を自分なりに探求し、わがものとするには、やはり文化環境が必要ですね。それは学者や作家、批評家、ジャーナリストの役割だと思うのですが、そこがやはり弱い。

現場の人が頼りにできるような思想的創造をどのように再構築していくかが、ますます心細くなっているように見えます。

近代化の中で欧米の学問を学ぶことに忙しくて、それを日本、そしてアジアの思想や歴史と結合していくことがうまくできていなかった。

戦後、日本が豊かになる過程でもそれを克服できなかったのです。これも戦後世代の私たちが反省しなければならない点です。

たとえば大学では西洋哲学こそが哲学のように見なされていて、日本の思想はあまり研究されていない。その両者が出会うような場所は非常に弱くなっています。だから社会学者の橋爪さんや宗教学者の島薗がそれらを扱っているのですが、そういう領域がさまざまな論点と接合される状況がもっと必要だと思うのです。

もっと宗教や精神文化の重要性を考えないといけない。文部科学省の道徳教育や教養に関する政策には、そういう問題意識がまったく欠けていると思います。そういう領域が、さまざまな現代的論点と接合されなくては。

橋爪 そこが弱い理由はね、言い訳的に言えばいろいろあると思いますが、要は、日本が学んだ社会科学とか人文学は、キリスト教仕様の概念でできていて、それを日本語に置き換えるだけ、みたいになっている。それでは、私たちが日本で直面している現実を語る言葉にならないわけだから、それを使えるようにするためには、実は、相当な手続きが必要なんです。それには、知識人が現場というものをよく知って、どういう言葉が足りないかをよくわかって、発信をしないとダメ。

もうひとつは、専門なんていうものは、非常に邪魔である。社会学と宗教学って、ほとんど実態は同じです。それから、歴史学も同じで、哲学も同じで、すべてのものは有機的に結びついているわけだから、専門の領域にたてこもって論文を書いているばかりでは、決してそういう実際的な場所に出て行けない。

宗教なんですけれどもね、向こうでは、牧師、神父が説教をするじゃないですか。政治家もビジネスマンも、家庭の主婦もみんな来て、その説教から思い当たるふしがいろいろあって、毎週自分をチェックしているわけですよ、聖書を規準にしてね。さてこの牧師や神父には、競争があるわけです。毎週おんなじ時間にどこの教会でも説教しているから、つまらないことを言えば、みんなよその教会に聴きに行っちゃうわけ。ていうので、自分の説教のクオリティを高めて行かなければならない、聴衆の仕事の現場、生活の現場で役に立つことを言わなければいけない、という不断のプレッシャーの中で、いつも自分を磨いているわけ。

さて日本の大学の教員は、そういう場所があるかっていうと、わけのわからない学生に話をし、このとおりにしないと優をあげないよみたいな、上から目線で適当なことをしゃべっているだけであって、自分がチェックされるという契機はほぼ皆無です。ビジネスマンや行政官や政治家に届くような言葉なんかしゃべらなくて、全然いいわけですよ。

もし日本にそれに類する場所があるとすると、出版なんです。出版というのは、専門があるわけではない。すべての内容のものが本屋さんに同列に並んでいて、自由に選択できるから、たいしたこと言ってなければ売れないわけです。というので、アメリカにおける牧師の説教にあたる競争の場は、出版の中にしかない。そして、心ある人というか、ちょっと何か考えるヒントをもらいたいっていう人は、本を買って、それで、自分を磨いている。書き手の側も、それを通じて自分を磨いて行く。だから出版は、そんなに捨てたものじゃないんで、とりあえずここで頑張って行くしかない。みんな教会に行かないんですから。

島薗　専門性ということについては、私の見方は少し異なります。例えば古典研究は、狭い領域を時間をかけて掘り進まないとできない面がある。異文化研究をするにはその国に何年間か住まなければならないことがあるし、そういう経験を積むからこそ養えるものがある。

専門家同士がつくる、職業倫理的な相互陶冶というのも存在します。ただ、それはどうしても内向きになるので、意識的に開いていくことが必要です。私自身は開く方に力点を置いてきたので、そちらの価値を主張したいのですが、専門性も尊ぶべきだと考えています。

それから、今は自然科学の分野があまりにも競争のほうにひっぱられている。速度や業績量を求めるようになっていることに由来する弱さがある。業績を上げるためにはお金をとってこなければならないから、商業的に利益が上がるものに研究業績が向かっていきがちなところがあります。

それからアメリカの教会の例でいうと、やはり怪しい説教がたくさんの支持者を得てしまうことがあります。SNS[※78]の世界でもそうですね。だから橋爪さんがおっしゃる出版、ジャーナリズムの側面にある自由競争的なものの創造性というのは認めるのですが、職業的な学問のあり方や、その共同体的性格も尊ぶ必要があるのではないかと思います。

宗教に関しても、これを自由競争にすると具合が悪いところがあると思います。これはアメリカの宗教に典型的に表れているし、日本の宗教もそうです。必ずしもいいものが勝つとは限らない。そして広がることが価値になってしまうと、広がりやすい宗教が伸びる。これはアメリカや日本の宗教で実際に起こったことだと思います。

※78 SNS
ソーシャル・ネットワーキング・サービス。インターネット上でネットワークを構築するサービス。Facebook、LINEなどが代表的。

そういうことがないようにしていくには、やはり学問はある種のエリート主義的な性格を保たざるを得ない。そういう質の高さを保ち続けるための専門制度のようなものは、今後も重要であり続けるのではないでしょうか。

（対談　了）

おわりに

島薗進

「現代日本の精神文化」をどう捉えるか。

答えがほしい問いである。「自分は何者か」という問いに直結しているからだ。本書では、「人類の衝突」について多くを語っているが、実は「自己への問い」に促されている。「人類」の諸文明について大口をたたいているのもそれ故だとご理解いただきたい。

「精神文化」という言葉を用いた。「思想」といってもよいのだが、生活様式、思考様式、行動様式までも含むものを考えているので、「思想」では狭すぎる。「宗教」の方が近いが、「宗教」の枠を超えるもの、たとえばナショナリズムにも話が及んでいる。「現代日本の精神文化」を枠づけるには、世界のさまざまな精神文化を見渡す必要が生じる。これには、マックス・ウェーバーという宗教社会学の大先達がいる。ウェーバーが『世界宗教の経済倫理』で取り組んだような諸問題を、あらためて問い直すとすれば、どんな問題群が見えてくるか。

その上で、「精神文化」の観点から「日本」をどう捉えるかという、日本人が向き合わざるをえない大きな問題がある。この問題に、宗教、思想、哲学、人文学、社会科学、芸術等において先人がどう取り組んできたかを振り返ってみる必要がある。

では、「現代」をどう捉えるのか。「現代世界の精神文化」を見渡すために、ここでは「人類の衝突」という視点を据えた。グローバル化する世界で精神文化がせめぎあっている状況を捉えることで、「現代日本の精神文化」を展望する戦略的高地が得られるのではないか。

もちろん「人類の衝突」という題は、日本に問いを限定せずに世界の現状を問おうとする問題意識をも示すものだ。世界各地で起きている「衝突」の精神文化的な次元をより深く理解したい。精神文化、宗教、思想といった側面で、人類社会はどこに向かっていくのか。茫漠とした問いかもしれないが、避けて通れない問いでもあるだろう。

本書の問題意識を以上のように捉えているのは私であり、橋爪大三郎がそのまま同意しているわけではない。だが、私にとっては、以上のような問題意識を念頭に論じ合う相手として橋爪大三郎はぴったりだった。

両者の考え方の違いが見えて来た論点がいくつかある。すぐに思いつくものだけあげる。

(1) 仏教、キリスト教、イスラームという「世界宗教」の共通点と相違点をどこに見るか。

(2) 仏教の個人主義的な側面と政治関与的な側面の関係をどう見るか。

(3) 中国・韓国・日本の精神文化のあり方、とくに儒教の影響をどう見るか。

(4) 現代世界で宗教の影響力が強まる傾向をイスラーム世界に限定的なものと見るかどうか。

これらの問いをそれぞれ丁寧に考え理解していこうとすれば、たいへんな労力を払わなくてはならない。自分なりに分かったことを丁寧に示そうとすれば、それぞれの分野の専門家から学んだものを明示して、論の根拠を示していかなくてはならない。

もっと重要な洞察を行った学者や思想家の名前をあげ、その仕事の意義を問うことができていれば論の厚みが増したことだろう。マックス・ウェーバーだけではない。東アジアの儒教と日本の儒教について論じているが、この問題について重要な考察はこれまでどのように進められてきたか。それらに対して、どう評価し、応答していくのか。手間がかかるが、その作業から得られるものは小さくない。

だが、本書はそのような手間を省いている。むしろ、それぞれの手持ちの知識と考え方を突き合わせ、今後、深く学び考えていくための手がかりを示すことを目指している。

学術的に手順を踏んで示していないので危ういところが多々あると思われるが、学術研究が進んでいる専門分野の中からは問われにくい問題領域に踏み込むことに主眼を置いている。

それは今後、従来の専門諸学を超えて展開していくべき新たな分野を暗示するものになるかもしれない。うぬぼれになると思うが、そんな期待がないわけでもない。

それほど先が長くない身として、このへんで問題意識をまとめておきたいという気持ちもある。第二次世界大戦のすぐ後の時代に生まれて、人文学・社会科学、あるいは精神文化や思想といった領域を歩いて来て、見えて来たことと考えが足りなかったこと、それらを伝えたいという意識も加わっている。

宗教学を学び、至らぬながら精神文化の比較研究を試みてきて、手探りしつつそれなりの手応えを感じて来た。そうした問題意識をもって数十年が経過し、その射程を問いたいという思いがあった。現代に重要性を増しつつあるさまざまな問題に、精神文化の比較研究という視点から切り込んでいけば見えやすくなる領域がいくつもある。一例をあげよう。生命科学が「いのちを〝つくる〟」こと、「人間を改造する」ことができるようになっている。それを進めてよいのか。どのような理由で歯止めをかけるのか。歯止めの根拠は何か。世界の精神文化が「いのちの尊さ」をどのように捉えて来たか。その視点がなくては、こうした問いにしっかりと応えていくことはできない。

先が長くないといっても、まだ考え続けたい課題がある。そこでそれらを出し合って、二人で卓上に積み上げたようなかっこうだ。さらに課題が増えていくばかりなのかもしれないが、積み上げられたものを前に作業を進めようとする意欲はたっぷりある。読者からの反響があることを願ってもいる。

横井小楠 …… 151
吉田茂 …… 242
吉本隆明 …… 236
ライシテ …… 102
ラジニーシ …… 226
蘭学 …… 44
理神論 …… 80
立憲君主制 …… 64, 141
立正安国論 …… 158
立正佼成会 …… 182
律令制度 …… 49
リバイバル …… 196, 204
リベラリスト・ソーシャリスト …… 228
ルサンチマン …… 227
ルター派 …… 189
冷戦 …… 21, 145, 174, 214
レイテ …… 237
レヴィ＝ストロース …… 99
歴史の終わり …… 36
レディメイド …… 204
連合軍 …… 65, 229
「ローマ人への手紙」 …… 116
ロシア正教 …… 169
ロバート・パットナム …… 181
ロバート・ベラー …… 172
ロマン主義 …… 175
YMCA …… 194

統帥権……70, 142
東電福島原発事故……238
トマス・アクィナス……80
ドルイド教……104
内務省……147
ナチズム……143
南蛮寺……102
西尾幹二……237
日米安保条約……243
日本会議……58, 200
ニュートン……78, 114
人間宣言……133
乃木大将……149
ハタミ大統領……21
バプティスト……188
パラダイム……30
原田正純……238
バラモン教……119
汎ゲルマン主義……32
藩校……48
汎スラブ主義……32
パンテオン……137
ビートニク……195
比叡山……158
ヒスパニック……192
ビスマルク……143
ファシズム……142
ファンダメンタリスト……168
福音派……97, 156, 179, 204
扶持米……53
『復興亜細亜の諸問題』……90
普遍主義……36, 99, 216
プラグマティズム……45
プレスビテリアン……188
プレスリー……196
フロイト……98
文化大革命……170
文献学……20
『米英東亜侵略史』……90
ヘゲモニー……94, 200
ベトナム戦争……232
ベルリンの壁崩壊……170
ペンテコスタル……190
ペンテコステ派……196
法然……159
法輪功……56, 171
ホーリネス……189
ボーン・アゲイン……199, 204
ポストモダン……17, 170
ポツダム宣言……230
本願寺……159
マウリヤ朝……79
マッカーシズム……145
マックス・ウェーバー……17, 84, 166
松平定信……48
松村介石……94
マルクス……98
マルクス主義……19, 169, 207
丸山眞男……47, 173, 239
満洲事変……70
満鉄調査部……92
水戸学……41, 240
水俣病……238
宮沢賢治……219
宮台真司……205
ムスリム同胞団……186
ムハンマド……98, 204
メソジスト……188
毛沢東……129
モルモン教……198
約束の地……207
靖国神社……66, 132, 219
柳田国男……245
ヤハウェ……115
大和朝廷……137
山本七平……249
唯物主義……208
ユニテリアン……94, 207
ユルゲン・ハーバーマス……184
預言者……95

コーラン……98, 204
古義学……44
国学……41, 128, 240
国体論……29, 57, 133, 218
国柱会……218
国民党……54, 129
国連……65
国家神道……34, 55, 102, 132, 216
小林よしのり……236
コプト教……113
古文辞学……44
コングリゲーショナル……189
祭政一致……132
サイパン……237
サザン・バプティスト……195
サミュエル・ハンチントン……21
参議……148
サンフランシスコ講和条約……65, 231
シーア派……79, 113, 213
シオニズム……188
実質賃金……23
ジハード……98
司馬遼太郎の『坂の上の雲』……60
ジャスミン革命……187
『宗教に分裂するアメリカ』……199
自由主義……21, 147, 174, 228
集団的自衛権……65
授権……109
朱子……77
朱子学……44, 128
荘園……107
商工大臣……242
象徴天皇制……140
聖武天皇……108
神祇官……49
神社本庁……58
神道……29, 89, 127, 176, 216
神道指令……160
人民寺院……226
神武天皇……137
親鸞……159, 248
新霊性文化……175
『新論』……49
スーフィズム……79
鈴木大拙……94
スピリチュアリティ……168
『聖なる天蓋——神聖世界の社会学』……167
聖霊……74, 94
セキュラーヒューマニズム……36, 80
世俗主義的ヒューマニズム……64
『戦艦大和ノ最期』……238
千年王国……120, 158
創価学会……134, 179, 212
大航海時代……126
大乗仏教……22
大政翼賛会……143
大東亜共栄圏……92
高木仁三郎……239
高杉一郎……239
竹内好……239
田中智學……218
タルコット・パーソンズ……172
檀君神話……57
チャールズ・テイラー……175
忠孝……48
中産階級……23
チョムスキー……99
鎮霊社……68
津田左右吉……123
鶴見俊輔……141, 240
ティーパーティ……171
鉄の檻……18
テレバンゲリスト……190
天主……102
天皇機関説……146
天武持統朝……48
杜維明……213
統一教会……226
道教……18, 56, 100, 127
東京裁判……71, 234

脚注索引

アジア主義……95
アショーカ王……79, 122
アズサ・ストリート……196
安土城……102
アドベンチスト……190
アブラハム……95
アマテラス……137
アルカイダ……93
EU……31, 183
石橋湛山……151
石原吉郎……239
石原莞爾……70, 219
イスラム復興運動……186
伊勢神宮……137
一向一揆……158
井筒俊彦……78, 113
井上哲次郎……162
井上日召……219
イマーム……109
イラン革命……167, 213
ヴィトゲンシュタイン……99
内村鑑三……162
エヴァンジェリカル……168
SNS……256
江藤淳……244
エピスコパル……189
エホバの証人……188
MIT……194
王政復古……241
オウム真理教……58, 182, 223
オーガナイザー……92
大川周明……90, 236
オーソドックス……176
大本教……159, 219
荻生徂徠……50, 173
『回教概論』……90
華夷思想……132
回心体験……191
カイロ宣言……231
カイン……115
カエサルのものはカエサルに……120
科挙……45
革新……232
カリフ……109
寛政異学の禁……48
カント……78
関白……138
記紀神話……49
岸信介……242
北一輝……218
9・11……93
旧約聖書……95
教育勅語……132
共産主義……21, 145, 207
教派神道……161
クエーカー……190, 208
『苦海浄土』……238
久野収……141
クルアーン……117, 186
グレイト・アウェイクニング……199
軍人勅諭……132
啓蒙思想……76
ケルト……104
ゲルマン人……104
『現代日本の思想―その五つの渦』……141
小泉改革……23
御一新……54
後期水戸学……44
公職追放……242
幸福の科学……58, 182,227

本書は『月刊サイゾー』2015年3月号から
同年8月号に掲載された連載を
加筆修正し、再構成したものです。

［著者紹介］

島薗 進

1948年生まれ。宗教学者。東京大学名誉教授。上智大学大学院実践宗教学研究科長、グリーフケア研究所所長。主な研究領域は、日本宗教史、死生学ほか。『いのちを〝つくって〟もいいですか？』（NHK出版）、『日本仏教の社会倫理』（岩波現代全書）、『国家神道と日本人』（岩波新書）、など著書多数。

橋爪大三郎

1948年生まれ。社会学者。東京工業大学名誉教授。主な研究領域は、理論社会学、比較宗教学、現代社会論、現代アジア研究ほか。『ほんとうの法華経』（ちくま新書）、『はじめての聖書』（河出書房新社）、『ふしぎなキリスト教』『おどろきの中国』『はじめての構造主義』（以上、講談社現代新書）、『クルーアンを読む』（太田出版）、など著書多数。

人類の衝突

2016年9月5日　初版第一版発行

著者　島薗進
　　　橋爪大三郎

発行者　揖斐憲

発行所　株式会社サイゾー
〒150-0043
東京都渋谷区道玄坂1-19-2-3F
電話03-5784-0790（代表）

印刷・製本　シナノパブリッシングプレス

ISBN 978-4-86625-055-7